請支援多巴胺

DOPAMINE

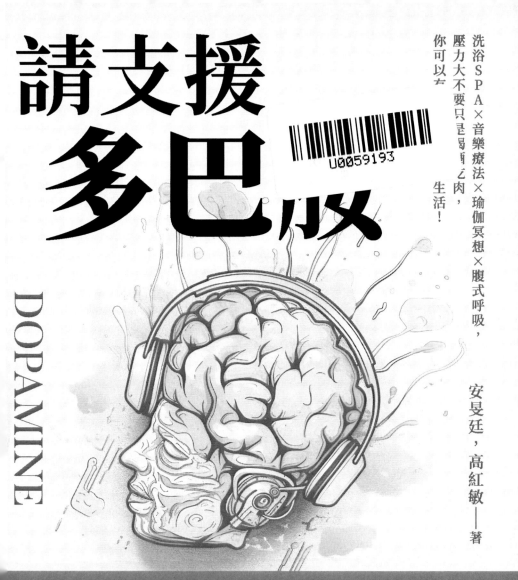

洗浴SPA×音樂療法×瑜伽冥想×腹式呼吸，
壓力大不要只是吃塊肉，
你可以有更好的生活！

安旻廷，高紅敏——著

失眠焦慮、壓力大胃口不好、精神不振？
活著已經很不容易，會因為工作憂慮、因為感情失眠……

若是放任情緒繼續 blue 下去，很有可能健康也跟著亮紅燈！
所以更該照顧好自己的情緒，
不要只是填飽肚子而已！

目錄

目錄 ────────────────────────

第五章
娛樂宣洩法：玩掉壓力，玩出健康

第六章
洗浴宣洩法：洗澡是提精神的有效方法

目錄

目錄

序
—— 別讓壞情緒影響了你的生活

上天賦予了我們人類一定的歡喜與憂愁，同時也賦予人類左右自己情緒的能力，如果你不懂得用好心情來衡量自己的壞情緒，用新的快樂來撫平自己的舊傷痛，那麼，你就很難讓自己有機會邁出樂觀的步調。

有時候，我們由於工作的壓力、家庭的束縛，或者是愛情的牽絆，甚至僅僅因為一時在思考或煩惱時鑽牛角尖，都會讓人覺得有一種揪在胸口的鬱悶放不開，讓人一整天都浸泡在心情的苦海裡，感覺自己無人理會。但是誰又能一輩子不遇上煩心事呢？在遇上不開心的事情時，如果一直任自己沉淪在這種壞情緒之中，會對我們的生活產生很多的負面影響。如果我們無法正確對待這些不良情緒，不及時調節疏導與釋放，就會影響我們的工作、學習和正常生活，繼而導致身心疾病，危及我們的身心健康。

不良情緒的危害有多大呢？它會在體內滋生病毒細胞，因為不良的情緒作用於人體會分泌出對人體有害的物質，這些物質長期累積，就會成為阻礙身體氣血正常運行的「病毒細胞」。長期下去，就會導致身體病變。

「生活就像一坨屎」，想來很有道理，現代人一方面充分

序

享受著時代進步的便利，另一面卻又被人生固有的煩惱和時代變革帶來的種種困惑所深深困擾。憂鬱、憤怒、哀傷、愁怨之類的不良情緒時常無情地啃噬人們的心靈，妨礙人們正常的學習、生活、工作。既然心靈不可能是一泓永遠寧靜的清泉，當翻湧起混濁的波瀾時，我們需要的是正確的疏導與宣洩。

現實生活中宣洩壞情緒的方法有很多，比如說，當生氣和憤怒時，可以到空曠的地方去大吼幾聲，或者去參加一些體育運動，跑兩圈，丟幾個鉛球，把心理的能量變為體力上的力量釋放出去，氣也就順一點了。曾有一位百歲老人叫蘇局仙，他對不良情緒的經驗是：一是碰到煩惱的事一定丟掉，不去想它；二是最好和孩子們一起玩，他們的童真會為人帶來快樂，消除煩惱；三是有時間就照一照鏡子，看看自己暴怒的臉有多醜陋，不如笑笑，我笑鏡中也笑，苦中作樂，怨恨、愁苦、惱怒也就沒有了。

當然，人與人因個體差異和所處環境、條件各異，採用宣洩的方式也不同，從小小的一聲嘆氣，到大聲痛哭、疾呼、怒吼以及打球、散步、聊天等都可以發揮宣洩作用。不管怎麼說，只要我們堅持這些方法，那麼壞情緒就不會影響到我們的生活。

生活中很多人的壞情緒其實都是自己造成的，要活得輕

鬆只有自己開解自己。因此，要想讓自己的生活中有陽光，就必須先點亮自己，別讓不良情緒左右了你的生活。只有送走了你的壞情緒，好的心情才能進入你的體內。

序

第一章
運動宣洩法：運動是不良情緒宣洩的良方

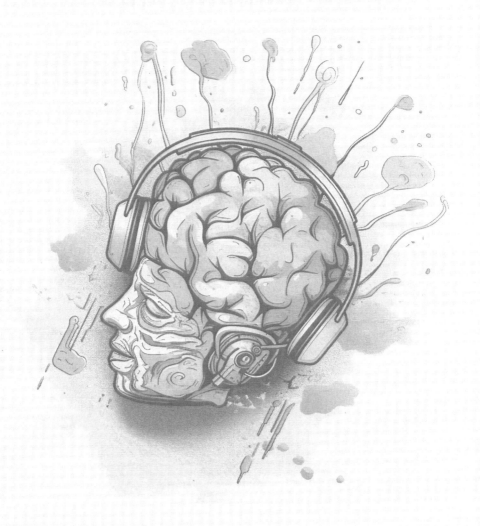

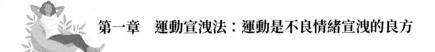

　　宣洩壞情緒的最好辦法是多運動，多拓展自己的興趣，在運動中可以忘記很多東西。事實也證明，當累積的心理能量透過某種運動釋放，累積的情感得以宣洩，人便會有一種擺脫重負的快感。現代腦科學的研究結果告訴我們，腦幹會在運動的時候分泌出一種快樂物質，也正是這種快樂物質讓我們感到快樂。這種物質叫做腦內啡，是一種類似嗎啡的物質，不過它是我們的頭腦自己合成的，也就是說，我們自己完全可以讓自己快樂起來。

運動是人體情緒的調節閥

> 當累積的心理能量透過某種運動釋放，累積的情感得以宣洩，人便會有一種擺脫重負的快感。

　　在論及緊張的壓力時，人們大多都把運動列為最有效的放鬆方法之一。可以說，多運動是宣洩壞情緒的最好方法。事實也證明，當累積的心理能量透過某種運動釋放，累積的情感得以宣洩，人便會有一種擺脫重負的快感。

　　在很多心理學家的眼裡，運動是減少焦慮最簡單而有效的方法之一。因為消化體力是人類自然的發洩途徑，運動之後，身體會恢復正常的平衡狀態，不但會覺得精神放鬆，也會感覺補充了體力。

想一想，當你心情不快的時候，去外面跑上一大圈，回來後會有什麼感覺？顯然，你會感覺心情好多了，不那麼難受了，這是為什麼呢？現代腦科學的研究結果告訴我們，腦幹會在運動的時候分泌出一種快樂物質，也正是這種快樂物質讓我們感到快樂。這種物質叫做腦內啡，是一種類似嗎啡的物質，不過它是我們的腦袋自己合成的，也就是說，我們自己完全可以讓自己快樂起來。這也是為什麼有的人運動起來會上癮，如果他不運動就會很難受。

怎樣運動最有效、最能緩解壓力呢？我們知道，運動形式各式各樣，透過運動宣洩自己的情緒、緩解自己的壓力，選擇合適的運動形式是非常重要的。選擇時要特別注意強度和體質是否適合。比如說太極拳和慢跑就是兩項適合中老年人的運動項目，這些運動既可以提高血液循環的機能，增加大腦的供氧，發揮健腦強身的作用，同時也不會出現因運動量大而導致其他不良反應。

一直以來，人們認為「運動得越多越好」。其實這種觀點是不科學的。對於中老年人，特別要在運動的頻率、時間和強度上有所限制。那麼，哪種頻率最好呢？一般認為每週從事 3 ～ 4 次、20 ～ 40 分鐘的有氧運動最合適。

對於我們來說，運動需要盡力，但也沒必要為了對自己有利便使自己感受痛苦。如果把自己逼得太緊，不僅很危

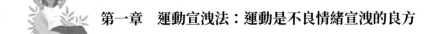

險，而且你也不會堅持得太久。如果你最初的熱情消退，你會認為運動是一項苦差。因此，選擇一項你喜愛的運動，保持一份愉快的體驗，心理才不會產生抵抗情緒。

當然，需要強調的是，運動能夠產生有益效果，但這並不表示它能儲存。年輕時愛好運動的人，如果隨年齡增長減少了相應的運動量，那麼他們對疾病的抵抗力不會比任何人強，壽命也不會比他人長。

每週步行兩次可讓人更樂觀

一項經濟省事、不需要專家指導的居家有氧運動能讓你身材更好、身體更健康，方法是每週至少行走兩次，每次至少 20 分鐘，並不斷增加行走速度。

步行是幫助現代人排解不良情緒的法寶。日本研究人員發現，一項經濟省事、不需要專家指導的居家有氧運動能讓你身材更好、身體更健康，方法是每週至少行走兩次，每次至少 20 分鐘，並不斷增加行走速度。日本研究人員在《國際運動醫學雜誌》上發表文章說，成年人如果按這種方法運動 32 週，其耐力、活力和心理健康狀況均會得到顯著改善。

研究人員把 200 名 42 ～ 75 歲成年人隨機分成對照組和運動組，運動組成員除走路外，每 4 週還參加一次兩小時的

運動課。結果顯示，32 週後，運動組成員的行走耐力及 30 秒內坐下站起次數有顯著提高。與對照組相比，運動組的男性在綜合健康和心理健康方面改善更明顯，女性則在身體機能、綜合健康和活力方面提高得更快。

為什麼會有這種功效呢？這是因為，疾行可使生命中本該具有但卻在無形中失去人類第七感覺──運動的自然本能重新置入生命之中，因而從肌體到精神便都充滿了生機和活力。同時，心煩時當即運動一下，可以轉移大腦興奮點，使顱腦的興奮中心從左腦轉移到大腦皮層運動區和掌握空間方位的右腦半球，及管轄軀體平衡功能的小腦中樞，從而使主司邏輯思維、計算得失的左腦半球得以抑制，於是煩惱沮喪等感覺也隨之淡忘、冰釋。更為重要的是，一旦左腦暫時處於抑制狀態，正在主司運動的各腦區，尤其是右腦半球，便不僅分泌出快樂激素，還能促使肌體分泌出大腦神經系統中原本缺乏的荷爾蒙，因而令人頓覺神清氣爽。

步行不僅能夠幫助人們獲得心靈上的愉悅，更帶來身體的健康。那些長期徒步上下班和外出旅行的人，心血管疾病、神經衰弱、血栓性疾病和慢性運動系統疾病的發病率都明顯低於喜歡搭車的人。如果你的住處離公司很近，就請您步行吧！

步行作為一項運動，有很多好處，它可以增強腿部和臀部的肌力，提高肌肉的防禦抵抗能力，消除扭傷或痙攣，使

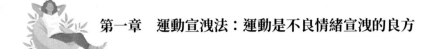

軀幹肌肉得以活動，從而改善脊椎的姿勢，並可以預防背脊疾病，減少膝蓋和髖關節負荷，制止骨骼退化並預防骨質疏鬆症。專家指出步行能增強血管的彈力，減少血管破裂的可能性；增強肌肉力量，促進血液循環，更好地進行新陳代謝；增強心臟功能，使人心跳慢而有力；減少脂肪和膽固醇在動脈壁上堆積的可能性，減少血凝塊的形成和心肌梗塞的可能性；降低血糖，減少血糖轉化成脂肪的可能性；降低血壓、減少心臟病發病率。

當然，步行也是要有技巧的。正確的健身步行應當是抬頭挺胸，邁大步，每分鐘大致走 60 ～ 80 公尺。手臂應保持直角彎曲狀態，視線要保持在行走路程前進方向 4 ～ 5 公尺的點上。走的線要直，不要左彎右拐。每天步行半小時至 1 小時，強度因體質而異，一般以微微出汗，心率達每分鐘 100 次左右為宜。

在步行的時候，你可以脫去鞋子，光著腳走在沙地、木板地、卵石地和草地上。這樣，足部的反應區會受到按摩，消除痙攣，減輕頭痛的症狀。如果沒有那些條件，你可以走在室內的地板上，讓自己的足與地板直接接觸，感受赤腳步行的觸感。不過，要記住，赤腳步行只可偶爾為之，否則腳底板和關節受的負荷太大，對身體反而不好。

好心情，從慢跑開始

大多數沮喪者是因為缺乏運動，使腦神經元中缺乏荷爾蒙而產生一種消極情緒。跑步是一種有氧運動，除了活動筋骨、肌肉之外，能分散注意力，使荷爾蒙分泌量增高，從而達到消除沮喪情緒的作用。

在競爭越來越激烈的社會，很多上班族廢寢忘食地工作。他們睡得晚，起得早，同時還要時刻費心地揣摩老闆的一個舉動，一個眼神，警惕著同行的競爭，這些都使他們產生了巨大的心理壓力。

好在，運動給這些上班族帶來了福音。其中，慢跑就是一種很有效的紓壓紓壓和釋放壓力的方法，它能消除沮喪，調適人的心情。

大多數沮喪者是因為缺乏運動，使腦神經元中缺乏荷爾蒙而產生一種消極情緒。跑步是一種有氧運動，除了活動筋骨、肌肉之外，能分散注意力，使荷爾蒙分泌量增高，從而達到消除沮喪心理的作用。當然，我們不要等到出現了沮喪心情時才去跑步，最好平時就堅持跑步健身，以促進人體內荷爾蒙分泌量的增加。這樣，即使遇到不如意的事，也不至於產生沮喪心情，產生了沮喪心情，也會較輕微，不會使人長期鬱悶。

慢跑的好處還有很多，它不僅能調解心情，還能增強呼吸功能，可使肺活量增加，提高人體通氣和換氣能力；它可使血流增快、血管彈性增強，具有活血祛瘀、改善血液循環的作用；它能促進全身新陳代謝，能改善脂類代謝，可防治血液中脂質過高；它還可控制體重，預防動脈硬化。

如何進行慢跑做到緩解壓力呢？一般來說，慢跑運動分為原地跑、自由跑和定量跑等。

- **原地跑**：即原地不動地進行慢跑，開始每次可跑 50 ～ 100 步，循序漸進，逐漸增多，持續 4 ～ 6 個月之後，每次可增加至 500 ～ 800 步。
- **自由跑**：是根據自己的情況隨時改變跑的速度，不限距離和時間。
- **定量跑**：有時間和距離限制，即在一定時間內跑完一定的距離，從少到多，逐步增加。

慢跑時，全身肌肉要放鬆，呼吸要深長，緩緩而有節奏，可兩步一呼、兩步一吸，也可三步一呼、三步一吸，宜用腹部深呼吸，吸氣時鼓腹，呼氣時收腹。慢跑時步伐要輕快，雙臂自然擺動，運動量以每天跑 20 ～ 30 分鐘為宜。

慢跑的速度應依體力而定，宜慢不宜快，以自然的步伐輕鬆地向前行進，以循序漸進、持之以恆為原則，並從短程開始，逐步增加距離。運動量的掌握以慢跑後自覺有輕鬆舒

適感，沒有呼吸急促、腰腿疼痛、特別疲乏等不良反應發生
為最佳。

游泳可以輕鬆改變心情

> 游泳是一種特殊的按摩方式，這種自然的按摩，不僅使
> 肌肉得到放鬆，還會使緊張的神經頓時鬆弛下來，把那
> 些消極的、對身體產生副作用的不良情緒排泄散發出
> 去，進而恢復積極、健康的心理狀態。

　　游泳是調節情緒的好手段。如果我們在炎炎的夏日，能
在冰涼清爽的泳池裡泡上半天，相信那會是最好的享受，我
們的身體疲勞與心理壓力會一掃而光。

　　現代人在緊張的工作之際，情緒經常處於焦慮、憂鬱、
浮躁不安等狀態之中，只要到水中游上幾趟，水流對身體
的摩擦和衝擊，會形成一種特殊的按摩方式。這種自然的
按摩，不僅使肌肉得到放鬆，還會使緊張的神經頓時鬆弛下
來，把那些消極的、對身體產生副作用的不良情緒排泄散發
出去，進而恢復積極、健康的心理狀態。

　　游泳還能增強腰背部肌群及肩、背、大腿的肌肉力量。
由於水的扣打、振動，對身體發揮一種良好的按摩作用，可
有效地防治腰肌勞損、腰背疼痛、坐骨神經痛等。

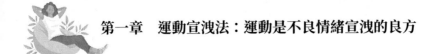

　　有一位教師最近老是腰痛，有時一天幾節課站下來，甚至痛得直不起腰來，時間長了，不僅影響了正常的工作和教學，而且生活品質也每況愈下。到醫院一查，才知道是得了慢性腰肌勞損。其實，這種情況並非是他一個人的遭遇，現代人患有此類疾病的有很多，而教師和電腦族則是其中一支重要的「生力軍」。當這位老師接受醫生讓他堅持游泳的建議後，他在一個月內天天堅持游泳，後來他的腰痛症狀明顯減輕了，心情自然也好多了。

　　游泳還是治療骨病的好幫手。夏天露天游泳，因陽光中紫外線對皮膚的直接照射，可增加骨質在骨骼中的沉著，使骨髓變得堅硬而富有彈性，增強骨頭的抗壓力，可有效地預防骨折、骨質疏鬆及各種骨質病變。

　　低溫水中游泳還是非常好的減肥方法。由於水壓對胸廓的作用和低溫對皮膚的刺激，可促進人體血液循環，提高呼吸系統、消化系統和心血管系統的功能，增強體溫調節，增強皮膚的抵抗力和耐寒能力，可有效地防治呼吸系統及心臟疾病，並發揮減肥作用。

　　為什麼會有這種作用呢？這是因為寒冷的刺激使毛細血管收縮，又因運動及毛細血管收縮缺氧，反射性地引起皮膚毛細血管舒張，使血液流向皮膚毛細血管網，這一收縮一舒張，則改善了人體微循環系統。微循環的變化，可直接影

響大循環，使心血管系統的功能也得到明顯的改善和提高。毛細血管舒縮變化，使產熱、散熱機能得到很好地協調，不僅調節了體溫，也增強了耐寒能力，因水溫較低，人體散熱較多，能量消耗較大，使脂肪分解增強，產熱增多，補償消耗。脂肪動員的結果，能夠發揮減肥作用。

當然，要想獲得這種良好的效果，必須每週堅持 3 次，每次 30 分鐘以上。

無疑，游泳對人體有很多好處，但是游泳也是外界寒氣進入身體主要的途徑之一。這些寒氣大多數不會即時反應，這讓大多數人感覺不到游泳與寒氣有什麼相關聯。其實，我們每次游泳後從水中出來，經風一吹會不由自主的打一個寒顫，這種感覺就是寒氣侵入身體最具體的感受。

因此，我們在游泳時最好選擇在室內溫水游泳池，這樣可以有效減少受寒的機會。另外，在每次游泳的前後各喝一杯薑茶，這樣可以加強身體對抗寒氣的能力。

說了這麼多，有些人也許會說自己根本不會游泳怎麼辦？有沒有一種快速學會游泳的方法呢？如果你到現在還不會游泳的話，那麼按照下面的方法做，你會在很短的時間內學會游泳的。

1. 游泳前先學會漂。很簡單，就是閉上你的眼睛，憋一口氣，伸直四肢漂在水上。

2. 進行試游。當你在有關游泳的書中找到了關於游泳的姿勢，你可以了解一下蹬腿姿勢，在水中低頭試游幾次。

3. 學會呼吸。你需要找一個人協助你完成這個動作，你在水中讓他拉著你的手向前游。邊游，邊練抬頭張口呼吸，注意一定是在游的過程中練習，而不是在靜止狀態下練呼吸。

4. 游泳需要有膽量。自己一個人漂在水上，戴上游泳蛙鏡，把頭抬起來，這時你的眼睛在水外面，但鼻子卻在水下。

5. 抬頭呼吸。此時再回到開始的漂浮狀態，將四肢伸直，浮在水面。先蹬腿，漂一會，等到半顆頭露出水面時，用手臂划水同時抬頭張口呼吸；然後再蹬腿，漂一會，等到半顆頭露出水面時，再重複以上動作。這樣，你就學會了游泳。

　　游泳不是所有人都可以進行的運動，下列症狀的人不宜進行游泳運動：對於身體不適或患有肝炎、感冒、皮膚癬（包括腳癬）、腸道傳染病、精神病及重症沙眼、急性結膜炎、中耳炎等眼、咽、耳部疾病的人來說不宜游泳。因為游泳不僅會加重自己的病情，而且還可能成為傳染源，透過池水、公用物品把疾病傳播給其他健康者。另外，心臟功能不好或是飲酒後也不宜游泳。

瑜伽是調劑心靈特效藥

> 瑜伽重要的功效之一就是「靜心」，它可以幫你減輕心理壓力，釋放勞累一天所帶來的煩躁情緒。

運動是幫助我們減輕心理壓力，排解不良情緒的有效手段。但既然是心理紓壓，單純肢體的運動訓練就不是最佳的選擇了，一定要選擇一些身體和心理能夠同時得到鍛鍊的運動，瑜伽就是其中典型代表之一。

瑜伽，不僅能夠培養身體的自然美來獲得高水準的健康狀況，還可以喚醒休眠在人體內的活力，用來開發自身獨特的潛力，以獲得自我實現，它最重要的功效之一就是「靜心」，它可以幫你減輕心理壓力，釋放勞累一天所帶來的煩躁情緒。

對於現代人來說，真正活得自在，活得沒有煩惱的人沒有幾個。心靈是需要不斷強化及淨化的，就像人呼吸新鮮空氣一樣。學習瑜伽，從身體的調息到心靈淨化是一連串的連鎖反應。人的思想和情感存在於身體裡面，借著鍛鍊和放鬆，專注於伸展及強化部位，當身心完全放鬆，專注於伸展肢體時，大腦內就會產生一種讓人心情愉快的「腦內啡」物質，安定我們的心緒，可以釋放負面情緒，並讓人有積極正面的想法，逐漸達到「身鬆心靜」及「身心合一」的境界。

　　瑜伽還講求人必須對自己的身體有耐心和用心。例如，伸展姿勢一次要維持幾秒鐘，在這一過程中，你還必須有意識地進行深呼吸，這樣才可以促進全身血液和氧氣的流動，減輕壓力，宣洩不良情緒。

　　瑜伽各式姿勢的伸展、扭轉所帶來的深度休息放鬆，可壓縮體內的腺體，使其保持在平衡狀態，而不會傷害到我們的身體。這樣，做完一次瑜伽動作，壓力就在一呼一吸、一伸一展等放鬆中釋放了。

　　如何正確練習呢？瑜伽的練習並不在於動作有多難，姿勢有多少，而在於心理意識的正確運用和氣感的獲得，能否「得氣」，是瑜伽練習效果的關鍵。中醫裡講，氣是組成人體和維持生命的本源，氣感的訓練最終以心靈的訓練為其目的。

　　氣感的關鍵在於心法的運用，這個可以拿針灸做一個對比。大家都知道，針灸的時候，我們都會有很強的針感，感覺到穴位很麻、很脹，醫學上稱之為「得氣現象」。能否「得氣」是針灸療效的關鍵，練習瑜伽也是一樣的道理，如果能夠得氣，才能夠獲得最佳的效果。

　　下面是兩種較為有效的紓壓方式，當你在練習過程中感覺得氣了，也說明你做得很成功了。

● 合掌樹木式可集中精神

具體方法：

1. 挺身直立，雙腿併攏，雙手自然下垂。
2. 把重心轉移到左腳上，彎曲右膝蓋，讓小腿肚盡量與大腿貼緊，腳掌向上，雙手抓住右腳把它放到左大腿的根部。
3. 鬆開雙手，把雙手舉到胸前，雙掌合十，保持自然呼吸。
4. 保持平衡，盡量堅持時間長一些。
5. 換另一條腿重複以上過程。

練習功效：

這種姿態能夠讓你快速擺脫雜念，集中精力，使心平靜下來，挖掘出你的最高潛力。

● 丘之姿勢可啟動腦神經

具體方法：

1. 盤腿而坐，上身挺直，雙手放於兩腿膝蓋處，吸氣，舉起雙手過頭頂，十指盡量張開，掌心向前，雙眼注視前方保持不動。
2. 呼氣，盡量把雙手向後方拉，挺胸，保持此姿態 7 秒鐘。
3. 雙手回位，如此反覆 5 次，每次都保持 7 秒鐘。
4. 呼氣，慢慢放下雙手，恢復到起始姿態。

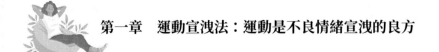

練習功效：

這種姿勢能夠讓雙手得到伸展，促進血液循環。手指盡力張開，可以活躍大腦神經，消除神經緊張不安，提高注意力。

練習瑜伽時，還要注意這樣幾點：

- 練習前的一個半小時和練後半小時內不宜進食。
- 有嚴重疾病或做過手術不久的人不宜做。
- 如果在做某一個姿勢時身上有某個地方發生劇痛的話，就應立即停下來。

對於現代人來說，瑜伽動作舒展優美，簡單易學，不需要器械，不會出差錯。即使你從來沒參加過其他任何運動，認為身體僵硬，也同樣可以練習瑜伽。你只要做到你能夠達到的程度就可以了，你每天都會感受到自己身體逐漸變得柔軟，其中所帶來的樂趣，也能讓每一個人都達到自己想要達到的目的。

太極拳是最好的情緒調節師

長期練習太極拳能讓人的全身放鬆，內心清靜，這在精神上是一種解脫，一種洗滌。尤其在壓力與日俱增的現代社會中，很多職場人士很難調整好心態，透過修煉太極拳可明顯改善這一情況。

現代人工作壓力大，多數人與亞健康為伍。所以，在都市的各個角落都掀起了體育健身的運動熱潮，尤其是那些長期處於高壓下的白領群眾對太極拳更是追捧有加。

在很多人的印象中，太極拳運動是屬於中老年人的運動，舒緩、飄逸，其實這是一個認知上的錯誤。練習太極拳對青年人、中年人的身體健康都有著重要意義，是一項老幼皆宜的運動，而且練得越早越好。太極拳重在練身、練氣、練意三者之間的緊密協調，比起現在一般的健身運動，太極拳更能讓人的身心都得到舒展，這也是為什麼太極拳越來越受年輕人的喜愛的原因之一！

從健身的角度上看，練習太極拳能鍛鍊肌肉，舒筋活絡，改善各關節的柔韌度，這對於一些久坐辦公室的人來說，能治療頸椎、腰椎的疼痛；從心理層面來看，太極拳的鬆柔緩和，可以降低壓力感及焦慮感，並且降低交感神經的敏感度，避免情緒容易緊張。美國塔夫茨大學英格蘭醫療中心的專家分析了大約 50 例臨床病例，稱打太極拳可以減輕焦慮感、減少壓力。

長期練習太極拳能讓人的全身放鬆、內心清靜，這在精神上是一種解脫，一種洗滌。尤其在壓力與日俱增的現代社會中，很多職場人士很難調整好心態，透過修煉太極拳可明顯改善這一情況。太極拳的拳理根在「太極」，而太極理論

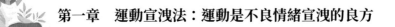

強調「剛柔相濟、陰陽互補」，這要求人們在為人處事上不要走極端，保持中和。與人交往上，不能過於偏激。

儘管太極拳有這麼多的好處，但是對於繁忙的現代人來說，根本沒有時間去練習招式，本來就繁複的太極拳法，有沒有一種簡單的拳法，既能健身，又好操練呢？這裡，我向大家推薦一種動作簡單且作用有效的紓壓太極拳法，以供大家參考。

具體方法：保持自然站立，將兩手下垂，兩腳與肩保持同寬，兩腿微屈，保持呼吸自然，舌抵上齶。兩臂順身體兩側弧線緩緩上抬，手背向上，兩手臂繼續上抬至頭部前額部，兩手沿頭部、胸部中線緩緩收落至腹部，左手在上，右手在下，手心向裡。

此時要保持同步意念：在進行這個動作時，以手領氣，意想將大自然清新之氣聚集在手掌中，然後從頭頂進入體內，沿任脈下降，一直降到腳下後散開，就像我們平時在洗淋浴一樣，慢慢把體內濁氣全部排出。

這個動作在練習時最好避開吃飯時間，一般以餐前或餐後 40 分鐘為宜，每次以 5 ～ 10 分鐘為宜。長期堅持練習，可緩解頭痛、暈眩、血壓偏高、煩躁易怒、失眠多夢，或者經常出現四肢麻木、面紅耳赤等症狀。

如果把太極拳比作是時空中最為有效的鍛鍊方式、老中

青年的健康金鑰一點也不為過，它的健康價值需要我們去體會、找尋、揣摩。

街舞 ── 現代最流行的紓壓方式

街舞所具有的即興、率真、輕鬆與激情活力的特徵，有助於身心的放鬆，這與街舞動感的節奏、盡興的翻騰和寬鬆的著裝有關。它沒有特別固定的風格和模式，每個人跳出來的感覺都不一樣，容易釋放自己。

街舞（嘻哈，Hip Hop）起源於美國紐約，它是美國黑人由一種發洩情緒的運動演繹成的街邊文化。它最吸引人之處是以全身的活力帶來熱情澎湃的感覺，因此，它是最適合現代人宣洩自己情緒的一種方法。

街舞所具有的即興、率真、輕鬆與激情活力的特徵，有助於身心的放鬆，這與街舞動感的節奏、盡興的翻騰和寬鬆的著裝有關，它沒有特別固定的風格和模式，每個人跳出來的感覺都不一樣，容易釋放自己。

街舞對人的心理調節和緩解作用，主要表現在舞者對音樂內涵的詮釋過程中，由於街舞不像體操那樣有規定的動作，而是讓舞者盡情發揮，在創作中拓寬表現空間，充分展示自己的風格，讓街舞的特質淋漓盡致地發揮。街舞的趣味

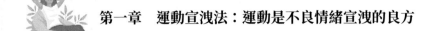

性、豐富性、隨意性，在有氧運動中能提高心肺功能，使壓抑的神經和身體同時放鬆。

街舞不僅健心，其健身作用更是無可挑剔。街舞的動作是由各種走、跑、跳組合而成，極富變化，並透過頭、頸、肩、上肢、軀幹等關節的屈伸、轉動、繞環、擺振、波浪形扭動等連貫組合而成的，各個動作都有其特定的健身效果，既注意了上肢與下肢、腹部與背部、頭部與軀幹動作的協調，又注意了組成各環節各部分獨立運動。

因此，街舞不僅具有一般有氧運動改善心肺功能、減少脂肪、增強肌肉彈性、增強韌帶柔韌性的功效，還具有協調人體各部位肌肉群，塑造優美體態、提高人體協調能力、陶冶美感的功能。

街舞對健身和健心的作用與其他項目是不能橫向比較成效的，但適度的街舞運動首先對於身體健康來說是安全的，其次則是追求鍛鍊的效果。這個項目比較青春，比較有活力，強度相對來說比較大，所以比較適合年輕人，它的健身效果比強度低的健身項目的效果更好一些。

通常我們在跳街舞時，最難的就是感覺，如何找到這種感覺呢？

1. 首先你必須對街舞有足夠的熱愛，你可以到網路下載街舞舞曲，選擇最好的低音音響，以更好的練習你的樂感，

以及選出最讓你心跳的音樂。

2. 把音樂盡量放大聲一些，跟著音樂的節奏先上下前後抖動你的肩部。起初你可能覺得很枯燥，不過在跳街舞時，肩部是最重要的感覺部分。

3. 接著再練習自己腿膝部的上下彈性，跟著音樂練習左腿、右腿一步一步先後向後退，同時也可練習向前，練習手關節的柔軟性。

4. 接著練習腳尖。跟隨音樂練習只用腳尖來走步，用腳尖前後左右彈跳。在練習此步驟時要注意，不要讓全部腳平面都碰到地面。

結合這幾個步驟隨意的搖擺你身體，你的街舞技能會提升很快。

街舞練習到何種地步才能更好地排解情緒呢？根據美國運動醫學會的建議，進行街舞練習時最好每週應運動 3 ～ 5 次、每次運動 30 ～ 60 分鐘，這樣還有明顯的減肥的效果。當然，由於每個人的年齡、體能和健康狀況不同，因此每個人的練習的運動強度各不相同，你還需要聽取專業人員的建議。

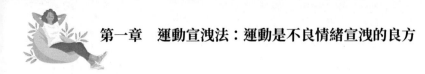

第二章
飲食宣洩法：食物也能拯救你的情緒

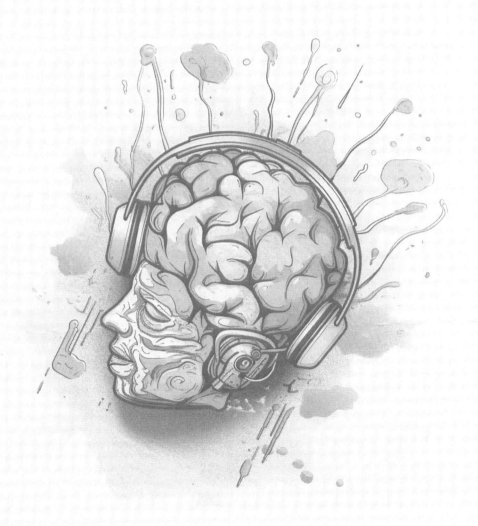

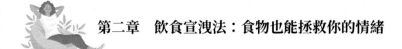

　　你是否經常為了一點小事而發脾氣？為了一點芝麻小事而淚如雨下，等事情過去之後又嘲笑自己、後悔不已？有時候，心情不好並不是遇到了什麼事，可能只是體內缺少某種物質了。如果是這樣，很多食品都有影響情緒的作用，食物中富含大腦所需要的特殊營養成分，它們可以使你保持思緒敏捷、情緒穩定。雖然這些食物並不能馬上使你處於最佳精神狀態，但它們的確有助於改善你的情緒。

食物是很好的心理醫生

> 人的喜怒哀樂與飲食有著密切的關係。有的食物能夠使人快樂、安定，有的食物則可使人焦慮、憤怒、悲傷、不滿、恐懼、狂躁。

　　當心情不好的時候，吃是一種安慰。吃東西不僅能夠解除飢餓感、補充營養，還能對人的情緒發揮一定的影響。

　　食物為什麼會影響我們的心情？這是因為，我們大腦中的神經傳導物質將各種資訊傳遞到身體的各個部位，目前已經確認的這種傳導物質有 100 種以上。其中，影響情緒的有腎上腺素、多巴胺、血清素和腦內啡。腎上腺素、腦內啡是傳遞「幸福」的化學元素；多巴胺也有改善情緒的作用；血清素影響人的滿足感，如果血清素含量不足，人就會感到疲

倦、情緒低落。

如果你沒有理由地感受不到幸福和滿足，食物的確能夠幫上忙，因為食物能夠提高這些支配愉悅感的神經傳導物質的濃度。實驗證明，高蛋白可以在人腦裡製造腎上腺素和多巴胺，高碳水化合物加低蛋白能產生血清素。

德國科學家觀測到，人的喜怒哀樂與飲食有著密切的關係，有的食物能夠使人快樂、安定，有的食物則可使人焦慮、憤怒、悲傷、不滿、恐懼、狂躁。

美國的一些醫生根據部分食物能使人快樂、進而調節情緒這一觀點，治癒了一些精神方面的疑難雜症。

有一位女病人終年憂鬱寡居，精神專家為她注射了一劑濃度很高的玉米液。注射後，病人反應很強烈，接著又給她注射了一支中和劑，病人反應很快消失。這證明病人的症狀可能是由於吃玉米類及含碘鹽較高的食物引起的。經過兩年的「忌口」，這位婦女的精神狀態大為改觀。

很多失眠者都有這樣的經驗：睡前喝一杯熱牛奶，或者吃一塊麵包、喝一碗小米粥，往往就可安然入睡，免受失眠之苦了。其原因是因為這些物質可以促使人的大腦內產生更多的血清素，而睡眠的產生，並不全由於疲勞所致，而是由於腦內產生了血清素。

許多實驗證明，水果、粗麵粉製品含有大量的維他命

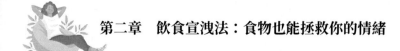

B，對心情沮喪、憂鬱症有顯著的療效。馬鈴薯、沒有去掉表皮的粗糧麵包、大量的蔬菜沙拉能夠使人心情愉快。燕麥中也含有對情緒調節有益的物質，多少年來英國人的早餐總少不了燕麥粥。有些人認為這種燕麥、水加鹽煮成的食物，或許是英國人性情幽默的原因之一。

　　某些食物雖然具有改善體質和情緒的功效，但也有些食物吃不好還會帶來負面情緒。要想獲得好心情，下面這些食物我們一定要少吃：

- **油膩、煎炸等高油脂食物**：這些食物因脂肪含量比較高，會加重消化器官的負擔，使我們容易感到疲勞。我們可以選擇低脂肪的人工奶油，吃烤肉或蒸肉，多吃豆類和蔬菜及魚肉等。

- **高蛋白食物**：這些食物包括海鮮、各種肉類及蛋製品，它們所含的磷質都很高，屬於酸性食物，吃太多，也會引起飲食失衡繼而易感勞累。

- **高糖分食物**：如精緻糕點、糖果、巧克力等雖然可以在數分鐘內發揮一定的鎮靜作用，但因為含糖食物會快速地被腸胃吸收，造成血糖急遽上升又下降，反而影響人的精力及情緒的平穩。

- **高鹽分食物**：它們容易造成人的精神萎靡不振，水分過度堆積在體內無法排出，整個人會覺得身體無力。

■ **含咖啡因飲料及酒類**：咖啡、茶和可樂飲料都含有咖啡因，有一些藥物如阿斯匹靈裡也含有咖啡因。咖啡因會促進人體腎上腺素的分泌，引起心臟的暫時興奮，但如果長期仰賴咖啡因提神，反而容易導致焦慮與失眠等副作用。除啤酒外，其他酒類幾乎都會引起火氣，尤其是酒精含量在30%以上的酒類最易引起體內上火。

凡事過猶不及，吃東西也一樣，我們只要拿捏好了分寸，就可以趕走壞情緒，迎來好情緒。

選對食物，趕走焦慮

一杯溫熱的低脂牛奶就有鎮靜、緩和情緒的作用，尤其對經期女性特別有效，可以幫她們減少緊張、暴躁和焦慮的情緒，而選擇低脂牛奶，絕對不妨礙愛美女士的「美體計畫」。

你是否因為房貸、升職、考試等事情而感到焦慮？事實就是這樣，人在遇到重要事情時會出現緊張情緒，甚至茶飯不思、徹夜難眠。如果的確是面臨人生的一個關鍵抉擇或者正處於一種巨大的打擊之中，一個人出現焦慮與失眠是正常的，但大多數失眠者並非如此，他們躺在床上杞人憂天，有時甚至自己也痛恨自己想那些亂七八糟的事情 —— 但卻無法

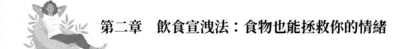

駕馭思想的野馬。這時，他們很可能患上了焦慮症。

有了焦慮並不可怕，生活每個人都會輕微的焦慮問題。當然，過度焦慮肯定會影響我們的心情。據說，40％的美國人每時每刻都會感到焦慮不安，而39％的人則是不時地處於焦慮的狀態當中。事實上，有80％的人去看醫生，是因為他們受焦慮之苦，而引發了相應的病症。

過度的焦慮不僅會引起心理上的變化，也會引起生理上的一系列變化。焦慮時，心煩意亂、坐立不寧、心緒不佳，甚至有災難臨頭的感覺。此外，焦慮還會影響睡眠，引起失眠、多夢或惡夢頻繁等症。白天頭昏腦脹、敏感、怕噪音、強光及冷熱、容易激動，常會有不理智的反應發作，生理方面，出現口乾舌燥、口渴、心悸、血壓升高及發熱感，同時大小便次數增多。

過度的焦慮問題，我們最好求助於心理醫生，而輕微的焦慮完全可以自己來解決。也許，你很少會聽到某位營養學家說：我們吃的食物可以影響情緒！是這樣的，當你下次因為焦慮緊張而決定大吃一頓時，不妨考慮下面我們為您推薦的可以幫助你保持良好情緒，並「趕走」焦慮的食物。

● 烤馬鈴薯和全麥麵包

當我們感覺焦慮時，攝取的碳水化合物可以透過增加血液中血清素（一種人快樂時大腦大量分泌的物質）和大腦中神

經遞質的含量，使人我們變得平靜。烤馬鈴薯、全麥麵包或低糖全穀類食品等富含碳水化合物，這些食物可以幫助我們穩定焦慮的情緒，而且我們還不用糖分攝取過多。

● 魚和堅果

食物中所含的必需脂肪酸（如 Ω-3 脂肪酸）有助於緩解焦慮和沮喪情緒，讓人迅速快樂起來。鮭魚、亞麻籽油、堅果和雞蛋都含有大量的此類「快樂因數」。

鮭魚的吃法有多種，日本人會把鮭魚肉切成生魚片或製成壽司，亦會把鮭魚頭製成鹽燒鮭魚等菜式；歐洲及美國人則會以熱或冷煙燻方式製作煙燻鮭魚，或把鮭魚製成罐頭以便儲存。

亞麻籽油被認為是陸地上最補腦的天然食物，它對嬰幼兒的智力發育、青少年提高記憶力、中老年健腦以及預防老年痴呆具有重要的作用。

每天一把堅果也是改善情緒的不錯選擇，它能夠讓你感覺到精力充沛。

● 葡萄柚

口感好、水分足的葡萄柚帶有淡淡的苦味和獨特的香味，無論是吃起來還是聞起來都非常新奇，可以振奮精神，而最重要的是葡萄柚裡高量的維他命 C，不僅可以增強身體

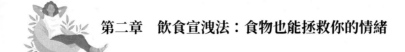

的抵抗力，而且也是為我們的身體製造多巴胺、正腎上腺素這些愉悅因數的重要成分。

● 低脂牛奶

　　紐約的西奈山醫藥中心研究發現，讓有經前症候群的婦女吃了 1,000 公克的鈣片 3 個月之後，3/4 的人都比較不緊張、暴躁或焦慮。同樣，我們可以從食物中獲得鈣，一杯溫熱的低脂牛奶就有鎮靜、緩和情緒的作用，尤其對經期女性特別有效，可以幫她們減少緊張、暴躁和焦慮的情緒，而選擇低脂牛奶，絕對不妨礙愛美女士的「美體計畫」。

● 燕麥

　　你是否有過由於種種原因，久久不能入睡的經驗呢？這時候，你可以在早上喝上一碗燕麥粥 —— 燕麥富含維他命 B，而維他命 B 有助於平衡中樞神經系統，使你安靜下來。燕麥粥還能緩慢釋放能量，所以你不會出現血糖忽然升高的情況。你可以用 50 克燕麥加 150 毫升水做麥片粥早餐，待水沸騰後，將燕麥加入水中，再慢煮 10 分鐘，然後加上 2 湯匙優格、一些蘋果丁和碎杏仁，就可以大快朵頤了，可以保證你一天都有好心情。

● 大蒜

大蒜雖然會帶來不好的氣味，卻會帶來好心情。德國一項針對大蒜對膽固醇的功效研究，從病人回答的問卷發現，他們吃了大蒜製劑之後，感覺比較不疲倦、不焦慮。

對於很多人來說，大蒜裡所含的硫化物有一種特殊氣味，讓人難以接受，改善方法是先將大蒜切碎，在室溫放置10分鐘再加熱食用。如果未切碎就加熱，不能釋放大蒜有效成分，失去90%的藥效；如果切碎後再加熱，可透過酶的作用釋出有效成分，有效成分一旦形成就比較穩定，即使加熱煮熟仍能保持60%以上的藥理作用。

● 食醋

如果能巧妙利用家裡的食醋，解決這些緊張情緒就通通不在話下。當我們內心充滿焦慮時，體內受生理條件反應，會產生大量的乳酸，甚至形成乳酸堆積，一旦出現乳酸的大量堆積，就會導致大腦神經受刺激而產生緊張性疲勞。而食醋中所含的醋酸不僅能有效地抑制乳酸的生成，還可以加速乳酸的氧化，減少它在身體內的堆積程度，從而消除或減輕緊張性疲勞感。

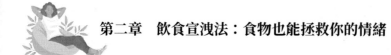

● 漢堡

為了使緊張的大腦得以緩解，可以吃些富含牛磺酸的食物，牛磺酸可以抑制緊張性激素——腎上腺素的分泌。牛磺酸還能促進 γ- 胺基丁酸（GABA）的分泌。GABA 是一種神經遞質，它具有讓肌肉放鬆，減慢呼吸和心律頻率的作用，從而能夠結束焦慮引起的徹夜不眠，對於女性朋友來說，補充牛磺酸對身體健康是極其重要的。牛磺酸的理想來源是添加了鋅和鎂的漢堡，鋅和鎂有助於牛磺酸的吸收。

● 水

假如大腦處於緊張的活動中，大腦前部的感受神經可能反映出對缺水狀態的關注。身為身體的主人，我們如果因失職使大腦缺水，大腦就會透過焦慮感來表達對水的需要，因此，不管你有多忙，每天至少保證 8 杯水！

如果你想獲得輕鬆快樂的心情，除了多吃以上食物外，還要戒掉那些容易引起你焦慮的食物，比如說可樂、咖啡，還有茶，無論以何種途徑進食咖啡因，攝取過量都會導致神經系統的緊張和高度警覺，使人變得神經質、焦慮、敏感。

此外，那些渴望「借酒消愁」的人，只會「愁更愁」。對於大部分人來說，宿醉、失眠、口渴、排尿增加、併發脫水都會誘發焦慮的產生，這時我們可以選擇一杯稀釋過的純果汁來解決這一問題。

脾氣暴躁者吃什麼

人們常常認為，生氣、憤怒會破壞自己的好心情，殊不知，脾氣大很可能是患了一種疾病。

肝火旺、愛生氣，這好像是現代人很多人的通病。

我們生活的這個時代，的確是個「容易衝動的時代」，歸咎原因大概是人們用擁擠的世界將彼此壓迫得透不過氣來，每個人都缺乏安全感，但又對此在一定程度上感到無能為力，並開始懷疑是否真有人能解決這些問題。於是，人們的情緒就會容易波動，在這種情況下，生氣易怒就常常自然而然地發生了。

人們常常認為，生氣、憤怒會破壞自己的好心情，殊不知，脾氣大很可能是患了一種疾病。中醫裡講，容易生氣發怒稱為「善怒」，主要與肝有關，主要表現為肝鬱氣滯、肝火上炎、脾虛肝乘等三種症候。

- **肝鬱氣滯**：如果你在生氣後總是頻頻嘆氣、感覺胸脅脹痛或串痛，這很可能是肝鬱氣滯的表現，多是鬱悶、精神受到刺激或因精神創傷史所致。如何解決這個問題呢？食物是最好的心理醫生。你可以多吃一些具有疏肝理氣作用的食物，如芹菜、茼蒿、番茄、蘿蔔、柳丁、

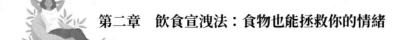

柚子、柑橘、佛手等。此外，你還要透過精神養生的方法來調節神志和情志，並針對病因採取疏導的方法來進行治療。

■ **肝火上炎**：如果你在發火後出現睡眠多夢、目紅腫痛、口苦口渴等問題，可能是肝火上炎，多是因為肝氣久鬱，或吸煙喝酒過度，或因過食甘肥辛辣之物所致。此時，你除了戒煙限酒、忌食甘肥辛辣的食品外，還要適量多吃清肝瀉熱的食物，如苦瓜、苦菜、番茄、綠豆、綠豆芽、黃豆芽、芹菜、白菜、包心菜、金針菜、油菜、絲瓜、李子、青梅、山楂及柑橘等食物。

■ **脾虛肝乘**：如果你在發火後感覺渾身無力、不愛吃東西、吃了感覺腹脹，並伴有兩脅脹痛、大便稀溏等情況，多屬脾虛肝乘，多是由於脾氣虛弱，肝氣太盛，影響脾的運行功能所致。因此，你若想改變這種情況，在選擇飲食上應多吃一些有健脾益氣功效的食物，如扁豆、高粱米、薏米、蕎麥、栗子、蓮子、芡實、山藥、大棗、紅蘿蔔、包心菜、南瓜、柑橘、柳丁等食物。

下面是我們為愛生氣、發火的朋友提供的幾款「小甜點」，在飽口腹之慾時，氣也消了，實在是兩全其美的事。

- **蘿蔔**：最擅長順氣健胃，對氣鬱上火生痰的人有清熱消痰的作用。青蘿蔔療效最佳，紅皮白心者次之，最好選擇生吃，但胃有病的人可將其做成蘿蔔湯喝。
- **玫瑰花**：沏茶時放幾瓣玫瑰花有順氣的功效，沒有喝茶習慣者可以單獨泡玫瑰花喝。
- **藕**：藕能通氣，還能健脾和胃，養心安神。你可以用水煮服或稀飯煮藕療效最好。
- **茴香**：茴香的子和葉都有順氣的作用。用葉做菜餡或炒菜可順氣、健胃、止痛，對生氣造成的胸腹脹滿疼痛效果最好。
- **山楂**：它可是順氣止痛、化食消積的最好果品，適用於氣裏食造成的胸腹脹滿疼痛，對於生氣導致的心跳過速、心律不齊也有療效。
- **檳榔**：檳榔果可炒熟吃，能順氣和胃，止痛消積，但是檳榔不宜多吃，尤其是孩子更不宜多吃，會造成營養不良。

在處理這些不良情緒時，食物只能發揮輔助作用，關鍵還是自己在平時要調理好自己的心情。就像俗話說，心病還要心藥醫。

心情憂鬱者吃什麼

長期素食、久忌葷腥而造成蛋白質缺乏的人常常會出現憂鬱焦慮、情緒低落；脂肪攝入過量也容易使人煩躁、憂鬱和疲勞。

我們面對的世界是複雜的，我們的情緒也是複雜的。壞情緒這種現代病一不小心就能毀了一個原本充滿活力的生命，這並不是危言聳聽。

現代生活節奏加快、壓力增大、環境惡化、自然災害及交通事故頻發、工作失業的威脅，這些都是人們經常面對的精神刺激，這說明失意幾乎不可避免，憂鬱情緒隨時都會發生。短時間輕度憂鬱會使人的內腔神經和內分泌功能發生一定程度的紊亂，造成人體生理損害；長期的憂鬱情緒會使人體免疫功能低下，並會誘發許多身體疾病，如心臟病、高血壓、偏頭疼、胃潰瘍、糖尿病等，最嚴重的是患癌症的可能性明顯增加。另外，憂鬱情緒也使這些疾病的治療難度加大、病死率增加。

憂鬱症的產生不僅與人的心理、生理條件有關，而且與人們的生活、工作、環境以及不良刺激等均有密切關係。飲食失調也是其中原因之一，比如，長期素食、久忌葷腥而造成蛋白質缺乏的人常常會出現憂鬱焦慮、情緒低落；脂肪攝

入過量也容易使人煩躁、憂鬱和疲勞。營養學家認為，胺基酸對振奮人的精神起著尤為重要的作用，如果胺基酸攝入不足，尤其是色胺酸、酪胺酸和蛋胺酸的缺乏會影響大腦內神經遞質物質的合成，體內去甲腎上腺素的含量也會降低，使人萎靡不振、精神憂鬱。此外，B 族維他命如 B_1、B_2 和 B_{12} 的缺乏也能使人記憶力減退、健忘和神情淡漠。

因此，心情憂鬱的人想要改變自己的壞情緒，還可以透過飲食入手。

● 含鋅的食物

鋅參與人體多種酶的生理活動，對蛋白質、核酸的合成，以及生殖腺等都有極為重要的影響，從而影響人的性格行為。缺鋅的人容易憂鬱、情緒不穩定。鋅在人體內主要以金屬酶的形式存在，其餘以蛋白結合物形式分布於體內。食物中含鋅量最高的是牡蠣，此外，動物肝臟、花生、魚、蛋、奶、肉及水果等食物中也含有豐富的鋅。

● 含硒的食物

含硒的食物同樣可以治療精神憂鬱問題。心理學家們發現人在吃過含有硒的食物後，普遍感覺精神好，思維更為協調。含硒豐富的食物有乾果、雞肉、海鮮、穀類等。

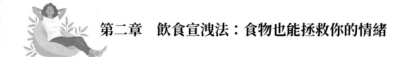

● 含鎂的食物

對於那些經常哀聲嘆氣的人可多選擇富含鎂的食物，如紫菜、蕎麥、小米、黃豆、花生、核桃等。因為鎂具有許多特殊功能，能啟動人體內多種酶，抑制神經興奮，平衡人的焦躁情緒，使人變得心情愉快。

● 水果汁

香蕉藍莓汁：研究證實，人體一種必需的胺基酸 —— 色胺酸的代謝產物血清素與憂鬱症有關，透過提高血清素的濃度可以改善憂鬱症患者的症狀，而身體內缺乏維他命 B_6 也會出現情緒和精神異常，這在兒童中較為突出。香蕉是色胺酸和維他命 B_6 的最好來源，可以幫助大腦減少憂鬱情緒，藍莓具有清潔腎臟、膀胱和尿道的功效，略帶酸味的口感中和了香蕉的甜味，將二者放在攪拌機打成汁，每天飲上兩次，實在是憂鬱者的上上之選。

葡萄汁：葡萄對神經衰弱、過度疲勞者有良好的滋補作用，含有大量維他命 B 和銅、鐵、鋅等營養物質，高量維他命 C 是參與人體製造多巴胺、腎上腺激素等「興奮」物質的重要成分之一。葡萄本身有籽，吃起來很麻煩，而用攪拌機攪成汁，直接飲用，可謂一舉兩得。

● 魚肉

　　有關專家透過對不同國家進行的調查和比較研究發現：在魚類消費量最多的國家，憂鬱症的發病率最低，殺人、自殺的發生率也低，而那些魚類消費量少的國家，憂鬱症的發病率相當高。這說明一個國家脂肪酸的消費類型與其發生憂鬱症的比例有密切關係。吃魚可改善精神障礙，這是因為魚肉中所含的 Ω-3 脂肪酸能產生相當於抗憂鬱藥的類似作用，使人的心理焦慮減輕。

● 菠菜

　　營養學家派翠克‧霍福（Patrick Holford）說：「菠菜含有豐富的鎂，鎂是一種能使人頭腦和身體放鬆的礦物質。菠菜和一些墨綠色、多葉的蔬菜都是鎂的主要來源，例如羽衣甘藍。」菠菜還富含另一種降壓營養物質 —— 維他命 C，可以很好的解除壓抑的心理狀態。你可以用大火炒一份蔬菜，準備一大把新鮮或冷凍菠菜。在最後一刻把菠菜撒在蔬菜上面，然後出鍋，這樣維他命 C 的營養就不會被高溫所破壞。

● 香蕉

　　一個人的自尊心受挫，意志低沉會與血清素水準低有關。血清素是一種來源於色胺酸的有機物，香蕉含有大量的色胺酸，所以，細細地咀嚼一根香蕉有助於改善情緒。每天

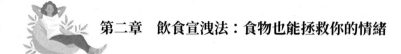

取半根香蕉放入攪拌機中，加入 80 克草莓，再加上一些半脫脂鮮奶，將它們快速攪拌。當然，香蕉雖好，但並非人人皆宜。患有急慢性腎炎、腎功能不全者，都不宜多吃香蕉，以半根為限。香蕉性寒，脾胃虛寒者須慎食，以免引起腹瀉，糖尿病患者也必須注意限量，若多吃，應從主食中除去碳水化合物的數量，以免血糖升高。

　　憂鬱雖會影響我們的心情，但是飲食卻能幫助我們找回快樂的心情。在享受美食的同時，我們同樣也享受一份難得的快樂心情。

能夠安神的食物有哪些

> 古人說，心安則靜，心亂則躁。人的心靜了，才能神情安寧，思想明澈；反之，則心神不寧，心思雜亂，就會使人煩躁、易怒和傷神。而透過飲食來安定心神，可謂是一道簡潔、方便的「速食」了。

　　現代社會一切都講求一個快字，快節奏已經成為了這個飛速變化社會的主題。網路、虛擬實境、新人類、新新人類、後現代已經成了流行話語，人們異常迅速地適應了速食文化、速食經濟學、速食人際學，敦厚、舒緩、循序漸進似乎已沒有了市場。

一些心理學家認為欲望膨脹和浮躁不安，其實是人對社會急遽變化的一種心理反應，沒有這種激烈的反應，就沒有經濟的解構、網路叢生、轉基因食品，更沒有了傳統文化和觀念的更新與多樣化。從某種意義上講，在躁動不安的時代中掩藏著一種內在的和諧。

但是，躁動的心卻很難掌握住生活的真實，甚至於努力追求著的東西常常在無意義中又在拚命地放棄。在新經濟時代，一切變化得太快，超乎我們的想像，我們已經找不到真實的邊界在哪兒，就像一個萬花筒，輕輕一動，哪怕只有很小的移動，一種全新的、難以預測的，光怪陸離的圖案就呈現在你的眼中，這就是變化所給人帶來的困惑。

浮躁也好，不安也罷，其實是社會大背景下的一種特有現象，我們的目標是要掙脫舊的生活框架，重建新的生活模型。所以，實際上在躁動不安中隱藏著我們發展銳氣和對生命和諧的渴望。

古人說，心安則靜，心亂則躁。人的心靜了，才能神情安寧，思想明澈；反之，則心神不寧，心思雜亂，就會使人煩躁、易怒和傷神。如何獲得心靈上的安靜呢？方法有很多，而透過飲食來安定心神，可謂是一道簡潔、方便的「速食」了。

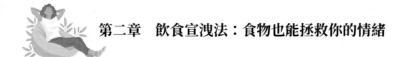

● 小米

　　小米，又稱粟米，性味甘鹹，微寒，具有健胃和脾，安眠之食療效用。研究發現，小米中含有豐富的色胺酸，其含量在所有穀物中獨占鰲頭。色胺酸能促進大腦細胞分泌出一種使人欲睡的神經遞質血清素，使大腦思維活動受到暫時抑制，產生困倦感。另外，小米含豐富的澱粉，食後使人產生溫飽感，可以促進胰島素的分泌，提高大腦內色胺酸的量。每晚臨睡前喝一碗小米粥，可使人安然入睡。

● 牛奶

　　牛奶，性味甘、平，是一種治療失眠較理想的食物。牛奶中含有使人產生困倦感的生化物質色胺酸，可以發揮使人安眠的效果，加上牛奶的營養所產生的溫飽感，更可增加催眠的效果，脫脂牛奶與不脫脂牛奶具有同樣的作用。睡前喝一杯溫熱的牛奶可以鎮靜、緩和不安的情緒，尤其對月經期女性特別有效，可以幫她們減少緊張、暴躁和焦慮的情緒。

● 靈芝

　　靈芝，性味甘，微苦、微溫，有益氣、養心安神、止咳平喘的作用。對心氣虛或氣血不足引起的失眠、心悸、健忘等症有很好的治療效果。《食物中藥與便方》中介紹：神經衰弱者用靈芝 6 ～ 10 克水煎服。

用靈芝與銀耳做成羹，也有很的安神功效。將銀耳 6 克用溫水發泡後置鍋內，加水適量，放入洗淨的靈芝 9 克，小火燉至銀耳湯稠，撈出靈芝，調入適量冰糖即可。在飯後飲用。

● 百合

百合性味甘、微寒，有潤肺止咳，清心安神的食療效用。臨床多用於治肺癆久咳、咳唾痰血、熱病後餘熱未清、虛煩驚悸、神志恍惚、腳氣水腫。《日華子本草》謂其「安心，定膽，益志……」經臨床觀察，百合對神經衰弱、更年期綜合徵引起的心悸、失眠、多夢有較好療效。將鮮品百合 500 克洗淨後掰開成片狀，置於盤中，加入適量的白糖蒸熟吃，可潤肺止咳，清心安神。

● 酸棗仁

酸棗仁，性味甘，平，有養肝，寧心，安神，斂汗的功效。用酸棗仁末與粳米煮粥，每天早晚各食用一次，有養心、安神的作用，對神經衰弱、心悸、失眠、多夢、黑眼圈等問題有很好的治療作用。

● 小麥

小麥，性味甘微寒，歸心、脾、肝經，有養心安神、滋養肝臟、補虛止汗、滋陰清熱的作用。古方有甘麥大棗湯，

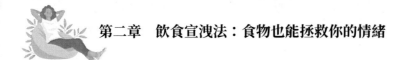

用小麥 60 克，大棗 15 個，甘草 10 克，用水 3 碗，煎至 1 碗，睡前一次服完。

● 蓮子

　　蓮子有養心鎮靜安神之效。明代李時珍說它能「交心腎，益精血。」適宜神經衰弱者同芡實、糯米煮稀粥吃。清代養生學家曹廷棟在《老老恒言》也曾說：「蓮肉粥，補中強志，兼養神益脾。」民間多用蓮子 30 個，加鹽少許，水煎，每晚睡前服，有安心神、助睡眠的作用。

● 銀耳

　　銀耳有補腎、潤肺、生津、提神、益氣、健腦、嫩膚等功效，還能補腦強心、消除疲勞。用銀耳與蓮子煮成湯更有安心神的神奇功效。具體做法：銀耳 10 克溫水泡發，蒸 1 小時，鮮蓮子（去心）30 克用開水浸泡，雞清湯 1.5 千克煮沸，加入料酒、食鹽、白糖、味精適量，倒入銀耳、鮮蓮子，煮熟即可食用。

攻擊性強的人吃富含鈣的食物

> 人體面臨血液中酸鹼度的變化時，就會動用兩種主要的
> 鹼性物質鈉和鈣加以中和。當鈉被我們用光的時候，就
> 會動用體內的鈣。所以，多吃大魚大肉而不注意酸鹼平
> 衡，將導致體內鈣流失。

現在的孩子大都愛吃各種肉類，就是不愛吃蔬菜和水
果。很多家長也認為，只要多吃肉、魚、蛋，蔬菜和水果吃
不吃也無所謂。結果不但孩子的體重不停地往上升，而且一
檢查，還缺乏鈣質。

有人曾做過如下實驗：每天攝入 80 克的蛋白質，將導致
37 公克的鈣流失；每天攝入 240 克的蛋白質，額外補充 1,400
公克鈣，可致 137 公克鈣流失。這個實驗說明，額外補充鈣
並不能阻止高蛋白所引起的鈣流失，原因是過多攝入大魚大
肉這類酸性食物，會使人們變為酸性體質，人體面臨血液中
酸鹼度的變化時，就會動用兩種主要的鹼性物質鈉和鈣加以
中和，當鈉被我們用光的時候，就會動用體內的鈣。所以，
多吃大魚大肉而不注意酸鹼平衡，將導致體內鈣流失。

很多嬰幼兒因為體內缺鈣，常常在晚上大哭不止，還有
的會患上佝僂病。成年人缺鈣，除了引起骨質疏鬆症外，還
會使人情緒容易激動、富有攻擊性。

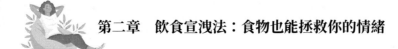

鈣，這種礦物質在輕微缺乏時是不容易被覺察的，鈣就好像麻醉藥和氧氣一樣，對人有安慰和鎮定作用。雖然99%的鈣都存在於我們身體的骨骼和牙齒中，但是神經和軟部組織中缺了它，也會使我們的生活變得很痛苦。

1. 缺乏鈣質的人，經常神經緊繃，無法鬆弛下來，工作所產生的疲勞無法獲得緩解，所以總是疲於奔命，使得自己精疲力竭，暴躁的脾氣讓人難以與之相處。此時如果適當吃一些富含鈣的食物，如牛奶、豆製品、蔬菜（如芹菜、油菜、紅蘿蔔、香菜、雪裡紅、黑木耳、蘑菇等）和水果（如檸檬、枇杷、蘋果、黑棗、杏桃乾、水蜜桃乾、杏仁、山楂、葡萄乾、胡桃）都有助於緩解這種情緒。

2. 缺乏鈣質的人，常會大量吸入空氣。這種人說話的速度通常很快，在談話當中，空氣就會經由喉嚨進入胃部，神經緊張的女人更容易如此。不論是男性或女性，都會在無意間猛吞唾液及空氣，吸入的空氣有時候會進入腸內，因而形成脹氣，甚至腹痛，此時如果供給充足的鈣質到達神經，這些症狀很快便可獲得緩解。

3. 鈣質缺乏的人更易出現肌肉緊張或抽筋。如血液中鈣太低，可能會產生痙攣，幸運的是這種尋常的肌肉症狀並不嚴重。雖然任何部位的肌肉都可能會抽筋或痙攣，腿部抽筋卻是最普遍的。而腸痙攣，即痙攣性結腸炎或痙

攣性便祕，在攝取充足的鈣質之後，便能獲得改善。

4. 青春期的青少年在成長發育時，需要大量的鈣和鎂，否則脾氣會變得十分暴躁，對人攻擊性強，有時候連最有耐性的母親都會後悔把這些孩子養大。在初潮泛紅以前的少女，如果血液中的鈣含量特別低，就會變得神經緊張，失眠或牙齒易蛀，而且脾氣也壞得令人難以容忍。這些年輕人如能每天在飯後和睡前喝一杯牛奶，他的脾氣和性格在一夜之間就會有顯著的好轉。當然補充維他命 D 也是需要的，以便鈣能被充分吸收。

有一個 16 歲的男孩因鈣質缺乏，脾氣特別暴躁，經常在學校打架傷人，醫生給他吃了足夠的鈣後，他母親在一個月後高興地對醫生說：「謝謝您讓我的兒子又恢復了健康。」由試驗中測知，如果血液中的鈣含量非常高，再吃大量的維他命 D 後，鎮定的效果可達到昏睡的程度，神經和肌肉也會大大地鎮定下來。

還要提醒大家的是，人們補鈣的時候，只注意補充維他命 D，卻往往不知道要補充鎂。殊不知，鈣與鎂就像一對孿生兄弟，總要出雙入對，而且鈣與鎂的比例為 2：1 時，最利於鈣的吸收和利用，所以在補鈣的時候，您千萬不要忘了補鎂。含鎂較多的食物有杏仁、腰果、花生、黃豆、瓜子、穀物、海產品等。

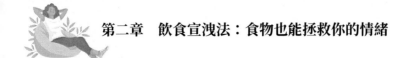

多吃含鉀食物有鎮靜作用

> 那些平時愛吃肉、口味重的人，體內會積存過多的鈉，
> 這些多餘的鈉是我們焦慮、情緒不穩定的主因。而鉀是
> 鈉排泄的輔助因數，一旦我們體內缺鉀就會導致鈉和水
> 分的瀦留。

夏天到了，天氣熱得受不了，很多人外出活動會大量出汗，這時會感到特別的累、四肢無力、不愛吃東西，而且總是感覺內心煩躁，脾氣也不好。為什麼會這樣呢？這與我們體內缺鉀有關。

鉀是我們體內重要的營養成分，也是體內重要的電解質。一般成年人體內約含鉀元素 150 克左右，分別儲存在細胞內外，起著維持細胞內外滲透壓和酸鹼平衡的作用，維持神經和肌肉的正常功能。如果體內缺鉀，就會出現上述症狀，有時還出現耐熱平衡失調、代謝紊亂、心律失常等症狀。

為什麼體內缺鉀還會影響人的情緒呢？那些平時愛吃肉、口味重的人，體內會積存過多的鈉，這些多餘的鈉是我們焦慮、情緒不穩定的主因，而鉀是鈉排泄的輔助因數，一旦我們體內缺鉀就會導致鈉和水分的滯留。

在眾多食物中，蔬菜（如鮮豌豆、毛豆、油菜、芹菜、

菠菜、海帶、紫菜等）中含有豐富的鉀，因此平時多吃一些蔬菜有助於鎮靜神經，安定情緒。此外，香蕉、桃子、大豆、紅豆、牛奶、鯉魚、鱔魚等也含有豐富的鉀。

下面是營養專家為那些情緒不安定的人提供的兩款美食，不妨一試：

● 香蕉優酪乳

取一根香蕉，去皮，切小塊，與優酪乳 200 克一同放入果汁機中打均勻後，加入少量的檸檬汁和蜂蜜 10 克調味即可。香蕉是一種含鉀高的水果，能興奮神經系統，激發人的活力，緩和心悸，抗精神憂鬱。優酪乳中含有豐富的蛋白質和乳酸菌，有很好的潤腸通便作用。蜂蜜可清熱解毒，養心安神。經常飲用此奶可排毒養顏，改善憂鬱心情。

● 解憂蜜桃汁

取水蜜桃 1 個，去皮，去核，再切成小塊備用；香蕉 1 根去皮，切成小塊；檸檬榨汁備用；將水蜜桃、香蕉、優酪乳 200 克起放入果汁機中，攪拌均勻，最後再加入檸檬汁攪打均勻，隨意飲用。在眾多水果之中，桃子類的水果及香蕉是鉀的最佳來源之一，因此用多汁香甜的水蜜桃加上熟軟的香蕉，打成一杯果香四溢的鮮果汁，有很好的舒緩緊張情緒和緩解憂鬱狀態的作用。

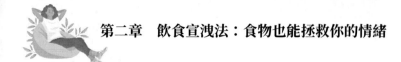

　　與水果相比，要讓孩子喜歡吃蔬菜並不容易做到，家長
一定要多動腦筋，變化蔬菜的烹煮方式，例如將紅蘿蔔等根
菜類做成籤或絲狀，或磨成醬，加入肉餡中，或添加於漢堡
的碎肉中，製成水餃、漢堡或其他食物，不但小孩愛吃，大
人也一樣喜歡。

第三章
大笑宣洩法：大笑是我們生來就有的情緒
藥

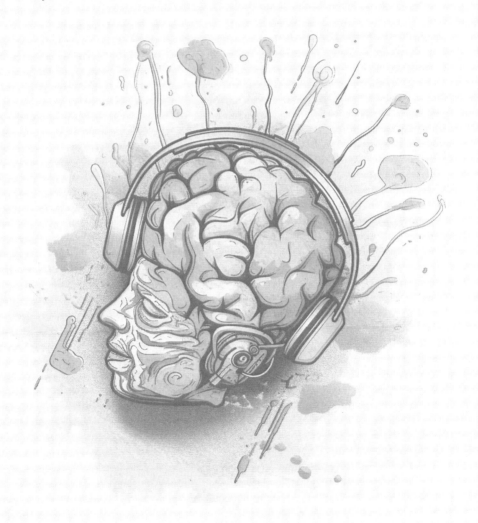

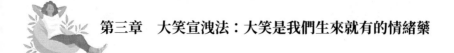

俗話說：「笑一笑，十年少。」、「笑口常開，青春常在。」可見笑對身心健康的重要性。笑是一種釋放，笑本身就是心情輕鬆的表現。它能使人驅散憂慮、壓抑的消極情緒，使人變得快樂。英國哲學家史賓賽說：「生命的潮汐因快樂而升，苦痛而降。」笑是人的情緒狀態最佳的反映。笑能使人產生信心和力量。因此，請大家經常把笑容留在臉上，把笑作為自己終身的心理伴侶吧！

笑是舒暢身心最有效的方法

> 每大笑 1 分鐘相當於運動了 45 分鐘，而且消耗的熱量比不笑時多 20%。這樣不僅可以改善心境，還能增加肺活量、促進血液循環，實現強身健體的目的。

笑是舒暢身心最有效的方法，每天大笑幾次，則身爽氣舒，心曠神怡。有人曾編了一首《開笑散》：「一笑煩惱跑；二笑怒氣消；三笑窘事了；四笑病魔逃；五笑春常在；六笑樂逍遙。時常開口笑，壽比彭祖高。」笑能保持和營造一種樂觀向上的好心境，能保持內臟功能平衡、協調、解除緊張情緒，給人以舒適感，使人顯得神采飛揚。

法拉第是英國著名的化學家，他在年輕時由於工作過度緊張，導致精神失調、身體非常虛弱，雖然長期進行藥物治

療卻毫無起色。後來一位名醫對他進行了仔細的檢查，但未開藥方，臨走時只說了一句話：「一個小丑進城，勝過一打醫生！」法拉第對這句話仔細琢磨，終於明白了其中的奧祕。從那以後，他常抽空去看馬戲、喜劇和滑稽戲等，經常高興地發笑，就這樣，愉快的心境使他的健康狀況大為好轉。

在現代社會，工作與生活節奏越來越快，壓力也越來越大，這使很多人每天都處於緊張和煩惱之中。一個人若長時間處在緊張和煩惱之中，人體的機能就會失調，從而導致內臟的功能紊亂而生病。所以，我們每一個人都應該學會督促或約束自己朝著有益健康的方向努力。具有克制、寬容、豁達、樂觀的胸懷，能轉移不愉快的情緒。要做到這點，其最簡便而有效的方法就是多笑、找笑，讓笑充滿生活。偉大作家高爾基就說：「只有愛笑的人，生活才能過得更美好。」

國外有研究者發現，人一天應該至少大笑 15 分鐘。其中，每大笑 1 分鐘相當於運動了 45 分鐘，而且消耗的熱量比不笑時多 20%。這樣不僅可以改善心境，還能增加肺活量、促進血液循環，達到強身健體的目的。

人在笑時，下頜處於下移狀態，該部位的下移是人體放鬆的關鍵。能使人從緊張狀態中放鬆的方法，莫過於一笑，平時萬念紛飛的大腦只有在笑的時候，才進入了無念無為的純淨狀態。一個人大笑時肩膀會聳動、胸膛搖擺、橫膈膜震

盈，血液含氧量於呼吸加速時增加，而更重要的是腦部會釋放出一種化學物質，令人感到心曠神怡。大笑過後，血壓會回降、減少分泌令人緊張的荷爾蒙，發自內心的笑是精神狀態與免疫系統之間直接相連的「天線」，可以在瞬間增強免疫系統的功能。

那麼，在工作與生活中，我們該如何讓自己笑起來，使煩惱和痛苦在笑聲中不翼而飛呢？

首先，我們可以多看一些幽默的笑料，比如幽默小品、漫畫書刊，有計劃地觀看滑稽可笑的電影電視、馬戲表演、喜劇藝術，有目的的聆聽相聲小品、故事評彈等，使人不由自主地發笑，也可以摘抄或剪輯一些笑料故事，給自己增添樂趣。

其次，要多和愛笑的人在一起。歡樂是能夠共用的，笑是能夠傳染的，和一個樂觀幽默愛笑的人待在一起，我們就會被他的情緒所「感染」，而使自己變得輕鬆和愉快。

另外，我們還可以多與天真的孩子相處。兒童的天真無邪、頑皮活潑，會使我們深感到人的天性之美，從而讓人不由自主的發出會心的笑容。

總歸來說，笑可使少年兒童天真活潑，身心健康發展；可使中青年朝氣蓬勃，身強力壯；可使老年人精神愉快，老當益壯。笑會帶給我們人生的奇跡，笑會幫助我們戰勝痛

苦，擺脫煩惱。願我們和彌勒佛一樣笑口常開，讓生命灑滿歡樂的陽光。

笑是遠離心理疲勞的「靈丹妙藥」

> 一個人開懷大笑，可使神經系統功能得到強化，消除對健康有害的緊迫感，放鬆肌肉，驅散憂愁，忘卻煩惱和不悅而預防心理疲勞。

近幾年來，高血壓、冠心病及腫瘤等已成為嚴重威脅人類健康的疾病。這些疾病的病因、病理非常複雜，但一般與精神心理、社會環境及生活方式等因素有密切關係。世界衛生組織曾在一份報告中稱：「工作緊張是威脅許多在職人員健康的因素。」

進入 21 世紀後，生活節奏不斷加快，疲勞將會比疾病更廣泛的影響人們的學習與生活。「太累啦」已成為人們日常生活中的流行語。心理疲勞正在成為現代社會、現代人的「隱形殺手」。

什麼是心理疲勞？它是指因心理因素而導致人無精打采，懶散無力，使反應速度、靈活性和準確度降低的心理機能消極狀態。心理疲勞產生的原因，一是因為活動中緊張程度過高，致使心理活動異常、心理機能降低而顯得不堪重

負，難以承受精神壓力而疲憊不堪；另一方面是長時間從事單調、乏味而令人厭煩的活動，致使興致索然、情緒低落、活力降低、舉步維艱而煩躁懶散、疲憊無力。

心理疲勞對人的心理健康會造成很大的影響。長期的心理疲勞，會使人情緒低落、百無聊賴、心煩意亂、精疲力竭，進而引起心因性疾病。這其中包括內分泌紊亂、免疫力下降以及各種慢性消耗性疾病，如消化道潰瘍、糖尿病、心血管病、癌症等。

心理疲勞並不會一朝一夕就致人於死地，而是像慢性中毒那樣，到了一定的時間，達到一定的「疲勞量」，就會引發疾病。所以，我們在這裡要提醒大家，防止心理疲勞是一個重要的心理保健問題，千萬不可掉以輕心。

防止心理疲勞的方法有很多，但健康的開懷大笑是消除心理疲勞的最好方法，也是一種愉快的發洩方式，正所謂「一笑解千愁」。笑反映了人良好的心情，代表著健康的心理狀態，對減少心理疲勞症的發生具有很好的作用。

目前，世界上不少國家利用笑的作用治療疾病，預防心理疲勞。德國成立了「笑聯盟」，英國成立了「幽默空間」，法國成立了「幽默協會」，日本成立了「笑天地」，還有的國家成立了「笑中心」、「笑廣場」。據美國芝加哥《醫學生活週報》報導，美國一些大型醫院和心理診所已經開始雇用「幽默護士」。讓她們陪同重病患者看幽默漫畫並

談笑風生，以此作為心理治療的方法之一。

一個人開懷大笑，可使神經系統功能得到強化，消除對健康有害的緊迫感，放鬆肌肉，驅散憂愁，忘卻煩惱和不悅而預防疲勞；可使全身的肌肉、關節都得到有益的活動，調節了運動系統功能而預防疲勞；可使腹部肌肉收縮，橫膈下降而促進內臟器官活動，鍛鍊了臟腑功能而預防疲勞；可使雙脅肋上提，胸腔容積增大，肺部擴張，肺活量增加，增強了呼吸系統功能而預防疲勞；可使心跳加快，心臟功能加強，促進了血液循環而預防疲勞……。

世界衛生組織認為，健康是身體的、精神的健康和社會幸福的完善狀態，不難看出，笑是唯一能覆蓋身體、精神、社會這三個方面的「全能」高手。

有人發明了「開懷大笑法」，我們來學習一下它的具體做法：

1. 練習之前，先喝一杯溫水潤潤喉嚨。
2. 吐出體內的濁氣，吐到不能再吐為止。
3. 然後吸入新鮮空氣，在吸氣的同時，身體慢慢放鬆。
4. 肛門微提，發出笑吼聲，把體內的氣全部吐出去。笑三次之後，放鬆一會兒，讓整個身心恢復寧靜。
5. 重新吸氣、提肛，不斷地笑，笑到沒有力氣為止。笑的時候，要有種把所有的煩惱都笑出去了的感覺。

6. 放鬆片刻，自然呼吸幾分鐘。

7. 再開始大笑。這次大笑從腳底開始，依次經過兩腳的關節、兩腿、臀部，到達兩手、胸部、頭頂，要想像著身體每一個細胞、每一塊肌肉、每一條神經都在大笑。

8. 笑完後。放鬆整個身體，緩慢地呼吸，再喝一杯溫水。

　　練完「開懷大笑法」，人會感到身心輕鬆，內心安寧，沒有了苦惱。可見，笑是遠離心理疲勞的「靈丹妙藥」，是延年益壽的「金玉良方」。

　　既然如此，那我們就開始笑起來吧！

笑是一劑抵抗憂鬱的清心劑

> 醫學研究證明，消除憂鬱，最好的方法就是笑口常開。它能讓人變得積極健康，讓人的情緒從內到外得到有效的調節與改善。

　　中國民間早有「愁一愁，白了頭」，「憂憂愁愁命不久」的說法。生理學家巴夫洛夫（Pavlov）也指出：「一切頑固沉重的憂惱和焦慮，給各種疾病大開了方便之門。」

　　《醫經溯洄・五鬱論》說：「凡病之起，多由乎郁，鬱者，滯而不通之意。」醫學研究證明，消除憂鬱，最好的方法就是笑口常開。耶魯大學心理學教授列文博士說：「笑表達

了人類征服憂慮的能力。」美國著名策劃專家喬治‧凱南也曾說過：「用快樂的微笑打掃你憂鬱心情吧！」懂得這個道理的人都會把「笑對人生，快樂生活」作為自己的座右銘，這種積極快樂、熱愛生活的態度，會使人的生活充滿生機與陽光。笑，的確是一劑抵抗憂鬱的清心劑，它能讓人變得積極健康，讓人的情緒從內到外得到有效的調節與改善。

清代有一個人得了病，頭痛、悲痛、茶飯無味、萎靡不振，吃了很多藥，也沒見效。有一天，他找來了一位著名的中醫替他看病。老中醫按脈良久，最後給他開了一張方子，讓他去按方抓藥。他趕緊來到藥鋪，遞上方子。沒想賣藥之人接過一看，哈哈大笑，說這方子是治婦科病的，名醫犯糊塗了吧？他趕忙去找那位名醫，但醫生卻早已經離開了。這時，他想到自己竟被一位名醫診斷為「月經失調」的婦女病，禁不住哈哈大笑起來。這以後，每當想起這件事，他就忍不住要笑，他把這事說給家人和朋友，大家也都忍不住樂。

後來，他終於找到了那位名醫，並笑呵呵地告訴醫生方子開錯了。名醫此時笑著說：「我是故意開錯的。你是肝氣鬱結，引起精神憂鬱及其他病症。而笑，則是我給你開的『特效方』。」他這才恍然大悟──這一個月，自己只顧笑了，什麼藥也沒吃，身體卻好了。

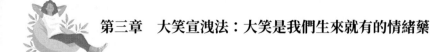

　　喜為心之志，而心之聲為笑，笑是喜形於外的表現。適當的笑可生發肺氣，使肺吸入足量的「清氣」，呼出廢氣，加快血液循環，達到心肺氣血調和之目的；可讓肺氣布散全身，使面部、胸部及四肢肌群得到充分放鬆，同時讓肝氣平和，從而消除憂鬱，保持情緒穩定。「世界歡笑旅行」組織就用各種不同的笑法進行幽默治療。如「老頭子笑法」（呵呵呵）、「老太太笑法」（嘻嘻嘻）、「耶誕節笑法」（哈哈哈）等。曾有一位原在「世界歡笑旅行」組織畢業的學員說，自己的父親有點憂鬱，自從他學了大笑後，週末就回家拉著父親、母親和妹妹一起大笑。一開始，父親沒有表情，後來像被傳染了一樣，開口大笑的次數越來越多。這樣一來，全家歡聲笑語一片，父親的憂鬱情緒也漸漸被驅散了。

　　我們忙忙碌碌地生活在這個世上，每一天都要承受著巨大的生存壓力。如果我們不懂得調節自己，苦惱、憂愁、煩躁、憤怒、痛苦……這些不良的情緒就會嚴重地損害我們的身體和精神。而調適這些不良情緒的最好方法，就是笑。

　　經常保持愉快的心情，笑口常開，使肌肉變得輕鬆，身心在極度放鬆的狀態下，很難引起焦慮。還是開心地笑起來吧，這是我們當代人都應該具有的生活態度。

大笑瑜伽，助你解壓

> 笑本身就對人體非常有益，再加上瑜伽式的呼吸，對人體更加有好處，非常有利於緩解精神壓力、改善心肺功能和消化系統的功能。

瑜伽給人的印象一般都是舒緩、幽雅，不過現在，在瑜伽的發源地印度，卻正在流行一種另類的瑜伽，就是大笑瑜伽。

大笑瑜伽就是透過模仿猴子、老虎、獅子等動物的面部表情和滑稽動作，來製造幽默效果，引人發笑。它是由一名印度孟買的醫生在 1995 年開創。1998 年，美國心理學家史蒂夫·威爾遜去印度取經，回國後創辦了「世界歡笑旅行」組織，宣導人們把大笑訓練當成每天的必修課。目前，大笑瑜伽已經在很多國家流行起來，全世界已經有超過 5,000 家大笑俱樂部。中國深圳也出現了愛笑俱樂部，已有幾千人參與其中。

據說，世界上最不愛笑的國家是德國。專門研究笑的一位學者發現，1950 年，德國人平均每天笑 18 分鐘，如今只有 6 分鐘。人們的生活水準提高了，笑容卻越來越難得一見。這位學者認為，越來越大的就業壓力是讓人成天板著臉的原因之一，競爭意識讓人與人之間很難形成輕鬆愉悅的氣氛。

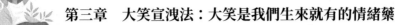

因此，德國政府很嚴肅地引進了印度的大笑瑜伽，德國目前有 70 多家笑的俱樂部，「笑運動」在德國已經成為一種時尚。在德國弗倫斯堡一家俱樂部，幾十名德國人每月聚會一次，學習笑的奧妙，從事開懷大笑的運動。

笑本身就對人體非常有益，再加上瑜伽式的呼吸，對人體更加有好處，非常有利於緩解精神壓力、改善心肺功能和消化系統的功能。而且，不論男性女性都可以練習，能有效增強自信，還能達到降血壓的功效。印度《薄伽梵歌》中最高箴言說：「寧靜即是瑜伽」。人們在練習瑜伽的過程中，隨著柔聲慢語的指導語，身體抻拉、擰轉、平衡、舒展，配合著延長的呼吸，漸漸地心隨意走，人變得恬淡而渺然，忘卻煩惱，重新獲得平和、寧靜的心態。

下面我們就來介紹一下大笑瑜伽的基本姿勢：

- **熱身預備式 —— 林中步行**：就像運動之前要進行熱身運動一樣，笑瑜伽也需要先進行熱身運動。練習大笑瑜伽通常是在含氧豐富的樹林中進行，所以，在樹林中慢走 10 ～ 30 分鐘就是大笑瑜伽的熱身方式。一邊走路還要一邊拍手，同時不時地做深呼吸。目的是讓身體和情緒都徹底放鬆下來，為後面的運動做準備。

- **進行式 —— 學習動物的表情**：先活動活動面部的肌肉，然後模仿如獅子、老虎、猿猴等動物的表情。大笑瑜伽

一共包括 24 個不同的制笑表情，這些表情看上去本身就很滑稽，即便是很拘謹的人，只要努力去做，也能自然而然沉浸其中，從而很快發出笑聲。

■ **結束式 —— 調整呼吸**：經歷過了一場酣暢淋漓的大笑之後，面部肌肉鬆弛了好多，汗水出了若干，心情也舒暢了不少。這時，我們應慢慢收回笑容，調整呼吸，一邊在樹林裡散步一邊大聲說「我們是世界上最快樂的人」、「我們是世界上最健康的人」。等情緒和心跳慢慢恢復平靜後，我們再帶著輕鬆和愉悅離去。

只要我們覺得自己有壓力了，就可以練習大笑瑜伽，但一次至少要練 15 分鐘，這樣才可以達到效果。

裝笑是簡單而有效的自救方

> 裝著有某種心情，模仿著某種心情，往往能幫助我們真的獲得這種心情。

美國有一家廣告公司的部門經理工作一向很出色，他通常應付情緒低落的辦法是避不見人，直到這種心情消散為止。有一天，他不知怎麼的突然又感到心情很差，但因為這天他要在開會時與客戶見面溝通，所以自己的情緒不能低

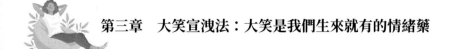

落，不能表現出萎靡不振的神情表現。於是，他在會議上盡量讓自己笑容可掬，談笑風生，裝成心情愉快的樣子，令他沒想到的是，他的這種心情「裝扮」帶來了意想不到的結果──不知不覺中，他發現自己不再情緒低落了。

美國一位心理學家指出，這位經理在無意中採用了心理學的一項重要規律：裝著有某種心情，模仿著某種心情，往往能幫助我們真的獲得這種心情。還有一位心理學家的最新實驗表明，一個人老是想像自己進入了某種情境，並感受某種情緒時，結果這種情緒十之八九果真會到來。一個故意裝作憤怒的實驗者，由於「角色」行為的潛移默化影響，他真的也會憤怒起來，同時他的心率和體溫也會上升。

心理研究的這個新發現可以幫助我們有效地擺脫壞心情，其辦法就是「心臨美境」。所以，對於不愛笑的情緒低落的人來說，裝笑是一種簡單而有效的自救方法。笑可以促使血液流通，幫助消化，促進體內循環的順暢。另外，笑能使人精神愉悅。如果情緒低落能夠試著裝笑、多笑，煩惱的情緒就會得到緩解，心情也會逐漸舒暢，病情也會得到好轉。

廣州某心理醫院的一位醫師認為，裝笑是一種運動，也許剛開始會覺得有點不自然，但熟能生巧，假裝多幾次，笑也就成了自然而然地流露了。

他曾接診過一個患有憂鬱症的女病人，他告訴女病人平時多笑一笑，那位女病人經常苦著臉地對他說，自己不開心怎麼能笑得出來。於是，他便要求女病人每天對著鏡子裝笑，見到她笑了就馬上誇她笑得好看，要是見到她愁眉苦臉的，就說些趣事笑話來逗她，直逗到她咧嘴大笑。就這樣，女病人笑的次數逐漸增多，也笑得越來越自然。慢慢的，她的情緒變得穩定，兩個月就出院了。

人開心地笑 1 分鐘，可以快樂 3 分鐘，即使是裝笑也有利於健康。

笑是幽默帶給我們的最珍貴禮物

幽默可以淡化人的消極情緒，消除沮喪與痛苦。具有幽默感的人，生活充滿情趣，許多看來令人痛苦煩惱之事，他們卻應付得輕鬆自如。

著名漫畫家朱德庸曾表示：「現代人面對的壓力，是上一代人的幾倍，有心理病，有癌症。幽默，是唯一的解藥。」在日常生活中，我們會經常遇到一些不順心的事：小孩子在哭了；菜又燒焦了；孩子老不聽自己的話；學生不專心聽課；上司整天烏雲密布，職員悶了一肚子氣，同事不盡職責……也許還有比這更糟的，我們的晉升、考級、加薪等

等，全泡湯了！這時，我們不可能避免因種種沮喪、挫折、失敗、不幸而導致的心理失調，而幽默，則能幫助我們淡化甚至驅除這些不利情緒。

對於每個人來說，幽默是人的一種精神食糧，它可以減少人的壓抑與憂慮，維護人的心理平衡，給人一種輕鬆愉快的感覺。

越來越多的美國心理學家發現，幽默是人給自己心理紓壓紓壓的重要方法。他們認為，幽默是人類特有的、即使在嚴酷的生存環境下仍然能享受愉悅的特質。美國哈佛大學心理學家維爾化博士即指出：「幽默感是人類面臨困境時減輕精神和心理壓力的方法之一。」1987 年成立的美國幽默治療協會，目前有近 600 名會員，20 年來，他們都在用幽默幫助自己和別人減緩病痛和憂慮。雖然，幽默治療絕對無法替代傳統的醫學治療，但積極的心態可使健康的人保持健康，有病的人則有助於疾病的痊癒。

據醫學研究顯示，幽默引發的大笑對人體各部分器官都有好處，因為一個人笑的時候，其隔膜、胸部、腹部、心臟、脾部甚至肝臟都會引起短暫的運動，能發揮消除呼吸系統中的異物，刺激腸胃，加快血液循環，提高心率的作用。同時，幽默還非常有利心理情緒的調整。

幽默對於人的精神健康的調節作用表現為：能幫助人們忘掉煩惱，或者至少把煩惱減低到最小程度。美國幽默治療

協會經實驗證明：人在看了好笑的錄影帶之後，體內的緊張荷爾蒙，如腎上腺素及多巴胺會下降，人體免疫系統功能會增強，一些改變會持續至歡笑後的次日。說笑話時，腦及免疫系統都會受到影響。當我們領會了一個笑話，腦波的活動就改變了，更為和諧一致；當我們沒有領會笑話的好笑時，腦波沒有變化。

英國戲劇家莎士比亞說：「善說笑話的人，往往有先見之明。心裡最好常有快樂，如此能防止百害，延長壽命。」因此，當我們在日常生活中感到經濟拮据的壓力、事業前途的迷惘與莫測，還有感情生活的困惑時，不妨讓幽默來替我們承擔負荷。

當然，幽默並非天生就有，而是需要自己用心培養。以下就是培養幽默感的幾點方法：

● 領會幽默的含義

幽默是一種用影射手法，機智而又敏捷，它不是油腔滑調，也不同於嘲笑和諷刺。幽默是在玩笑的背後隱藏著對事物的嚴肅態度，它沒有那種使人產生受嘲弄或辛辣諷刺時的痛苦感。正如一位名人所言：浮躁難以幽默，裝腔作勢難以幽默，鑽牛角尖難以幽默，捉襟見肘難以幽默，遲鈍笨拙難以幽默，只有從容，平等待人，超脫，遊刃有餘，聰明透澈才能幽默。

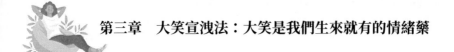

● **豐富知識面**

　　幽默是一種智慧的表現，它必須建立在豐富知識的基礎上。一個人只有有審時度勢的能力，廣博的知識面，才能做到談資豐富，妙言成趣，從而做出恰當的比喻。所以，要培養幽默感，就必須廣泛涉獵，充實自我，不斷從書籍中收集幽默的浪花，從名人趣事的精華中擷取幽默的寶石。

● **要有樂觀精神**

　　要從樂觀的一面看待生活，不要把一切看得太嚴重，因為生活中的許多事情不值得嚴肅對待。樂觀與幽默是親密的朋友，生活中如果多一點趣味和輕鬆，多一點笑容和遊戲，多一份樂觀與幽默，那麼就沒有克服不了的困難，也不會出現整天愁眉苦臉，憂心忡忡的痛苦者。俄國寓言大師克雷洛夫，一次和房東訂租房契約時，房東在租契上寫道：「租金逾期不交，罰款 10 倍」，克雷洛夫看完，不僅沒有絲毫爭辯，反面大筆一揮，在後邊添了個「0」說，「反正一樣交不起」。這件事正體現了這位寓言大師的樂觀自信：精神絕不為一時困難壓得喘不過氣來。

● **培養深刻的洞察力**

　　培養機智、敏銳、深刻的洞察力，是提高幽默感的一個重要途徑。有幽默感的人能夠迅速地捕捉事物的本質，以恰

當的比喻詼諧機警的語言，使人產生輕鬆的感覺。當然，在幽默時還應注意，在原則面前不能馬虎，處理問題時要極靈活，不同問題要不同對待，做到幽默而不俗套，使幽默能夠為人或自己的精神生活提供真正的養料。

幽默，能使我們平淡的生活充滿情趣，是生活的潤滑劑和開心果。可以說，哪裡有幽默，哪裡就有活躍的氣氛；哪裡有幽默，哪裡就有笑聲和成功的喜悅。幽默可以為人帶來笑聲，人是唯一會笑的動物，每天大笑 3 聲能讓人長命百歲，會笑的人永遠不會窮。

俄國文學家契訶夫說過：「不懂得開玩笑的人，是沒有希望的人。」記住吧，幽默感會使你和他人都得到生活中最為珍貴的禮物 —— 笑，它使生活充滿了陽光。

笑也要有一定的限度和分寸

《黃帝內經》上說：「喜傷心，怒傷肝。」所以說，笑也要有一定的限度和分寸，否則可能導致樂極生悲。

同任何事物都有雙重性一樣，笑對於人體也並非絕對有益，過度的大笑會引起心態情緒發生較大變化，使人的呼吸、血液、內分泌及各臟腑功能出現異常或較劇烈的變化。

對健康人來說，大笑不會有什麼問題，但對有潛在疾病

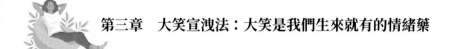

或特殊情況的人，可能導致樂極生悲。《嶽飛傳》中有「笑死牛皋」的記載，說的是岳飛手下大將牛皋活捉了老對手金兀術，並騎到了金兀術的身上，由於過度興奮而大笑送命。

看來，笑還真得掌握一些分寸，那麼，究竟哪些人不宜大笑呢？

- **心血管病人**：大笑時血壓急遽升高，高血壓患者若放聲大笑會引起血壓驟升，易誘發腦溢血；大笑時耗氧量遽增，容易使患有冠心病的人因缺氧而誘發心絞痛、心肌梗塞和心律失常，從而危害身體健康。

- **出血性病人**：如蛛網膜下腔出血、支氣管擴張咯血、上消化道出血及有不明原因出血傾向的病人，大笑時胸、腹腔壓力升高，從而使血壓驟升，以致出血加重，危及生命。

- **手術後病人**：接受腹腔、胸腔、血管、心臟等外科手術的病人術後 5～7 個月內，應靜養休息，不可大笑，否則易出現嚴重的後果。因為為大笑之時，腹腔壓力增強，使癒合不良的傷口裂開，即所謂「笑破肚皮」。

- **疝氣病人**：疝氣病人經常大笑可使腹腔內壓增加，導致疝囊越來越大而難於回納，甚至形成嵌頓疝，併發組織壞死等不良後果。

- **孕婦**：孕婦大笑時因腹壓增高而壓迫子宮，輕者對胎兒

生長發育不利，重則可引起流產、早產或死胎，危及母嬰身體健康。

■ **習慣性下頜關節脫位者**：有下頜脫位史的人大笑時因為張嘴過度，容易使下頜關節脫位，這就是我們常說的「笑掉大牙」。

此外，肋骨骨折復位不久不宜大笑，以防重新錯位；脫肛、痔漏、子宮脫垂病人大笑會加重病情；尿道或肛門括約肌鬆弛的人大笑時，由於腹內壓驟然增加，會把小便或大便笑出來；吃飯時不要大笑，因為進食時大笑容易使食物誤入氣管，引起劇咳，甚至窒息，發生嚴重後果。飽食之後也不宜大笑，吃得很飽後大笑易誘發闌尾炎或腸扭轉等疾病。

《黃帝內經》上說：「喜傷心，怒傷肝。」所以說，笑也要有一定的限度和分寸，要做到喜而有度，笑而不狂。

第四章
大哭宣洩法：哭是人的情感的宣洩或表達

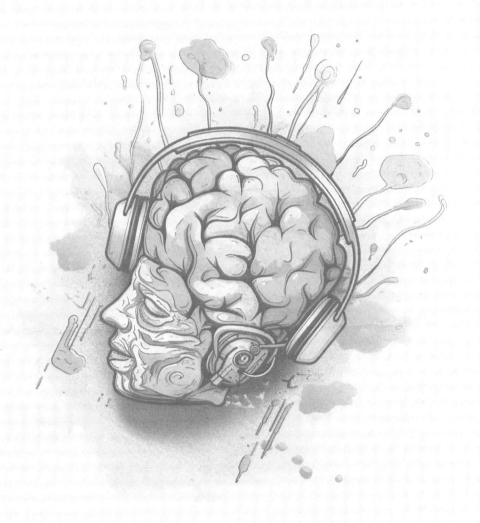

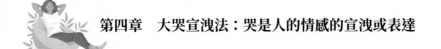

　　當一個人在情緒不好時，大多數人都是勸其「笑一笑」，而不是「哭一哭」。因為哭在人們的腦海中被定格為一種對身體不利的情緒反應，往往被人們將之與不好的事情聯繫在一起。其實，哭泣作為一種常見的情緒反應，對人的情緒恰恰起著一種有效的保護作用。中醫認為，哭泣不但可以寬胸理氣，使鬱悶消除，而且還可以把壓抑在體內的感情都發洩出來。所以，當我們的精神蒙受突如其來的打擊時，當我們的心情憂鬱不樂時，不妨痛痛快快哭一場。大聲地哭出來，我們就會獲得一份好心情！

哭是一種最簡單的宣洩方法

> 中醫學認為，哭泣不但可以寬胸理氣，使鬱悶消除，而且還可以把壓抑在體內的感情都發洩出來。

　　在現實生活中，哭通常被認為是情感脆弱、意志不堅強的表現。其實這種觀點是錯誤的，哭同樣有益於人體健康。

　　英國著名詩人丁尼生曾在一首詩中記述了這樣一件事：有一位戰士不幸戰死沙場，他的妻子被人帶到了他的身旁。當妻子看到丈夫的屍體後，雖然悲痛欲絕，但她並不能哭泣，只是一直發呆。這時，有一位學者說：「這位女士若是不哭出來哭出來，她也會死去的。」於是大家都勸她心裡難受

就哭出來，但遺憾是她仍然沒有辦法哭出來。

此時，一位聰明的婦女將她的小孩子帶到她的跟前，她哭了，說：「我的孩子，我要為你而活著。」哭緩解了突如其來的打擊對這位妻子所造成的高度緊張，緩解了其心血管和神經系統的壓力，從而避免了不幸的後果。

人的情感有多種表達方式，其中哭是人們宣洩情感的主要方式之一，它是人不穩定情緒的激烈反應。當一個人遭受到重大不幸和挫折，如親人病故或受到極大的委屈，陷入可怕的絕望和憂慮時，既不思食，又不能眠，如果痛痛快快地大哭一場，讓眼淚盡情地流出來，心情就會暢快些。

中醫學認為「鬱則發之。」排解不良情緒最簡單的方法就是使之「發洩」。哭泣不但可以寬胸理氣，使鬱悶消除，而且還可以把壓抑在體內的感情都發洩出來。中國有位心理專家說過：「號啕大哭從某種程度上體現了現代人尋求內心寧靜的單純渴望，是為劍拔弩張、斤斤計較的生活尋找停歇喘息的機會，悲傷確實能比較有效地緩解焦慮情緒。」

俄羅斯一位家庭心理醫生認為，眼淚經證實是緩解精神負擔最有效的「良方」。比如有一種叫神經性胃炎的消化道疾病，當情緒緊張的時候，胃就開始一陣陣痙攣性的疼痛。這實際上是胃在「消化」我們的緊張情緒，是一種心病，假如這時我們能大哭一場，把委屈連同眼淚一起揮灑掉，這個病自然會不藥而愈。

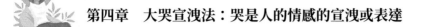

　　美國心理學家曾做過調查，把一群成年人按所測血壓分成正常血壓和高血壓兩組，然後問他們平時是否愛哭，結果是87%的血壓正常者愛哭，而大多數的高血壓患者否認流過淚。由此可以證明，愛哭使患高血壓的機會減少。

　　美國精神病學家也曾對331名18～75歲的人進行過調查，結果表明男性、女性在哭過以後心情都會變得輕鬆。還有一項由美國史丹佛大學進行的「憂鬱症與哭泣行為的相關性研究」發現，有憂鬱傾向的人比不憂鬱的人更不容易掉眼淚。日本「腦機能研究所」的科研人員也曾做過一項研究，他們讓接受測試者觀看悲劇電影，以此來測定焦慮的程度。結果表明，當眼淚流下來時，焦慮便得以消除，而故意忍住眼淚，則焦慮會變得更加深重。

　　因此，我們可以看出，哭泣的確能夠緩解緊張、焦慮的情緒，有益於身體健康。所以，在我們遭遇悲傷，遇到難以承受的壓力時，運用以下技巧，嘗試讓眼淚流下來，痛快哭上一會兒吧！

　　具體方法：選擇一個安靜、無人打擾的地方。舒服地坐下，把雙手放在胸前鎖骨的上方，呼吸只到手放的地方，出聲地、急促地呼吸，傾聽喘氣聲中的感覺，像嬰兒一樣哭泣，仔細聽，感覺其間的悲傷，回想傷心的往事，允許自己自然流露情緒，你就不會覺得哭泣是很困難的事了。

當我們胸悶眼花、太陽穴隱隱作痛的時候，建議大家做這個練習，這很可能是我們壓抑哭泣的資訊。給自己幾分鐘，「哭泣」一會兒，我們就會感到解脫和放鬆。

強忍眼淚等於慢性自殺

> 如果在該哭泣的時候卻忍住不哭，將強烈的悲傷情緒留存在體內，會導致全身氣機不暢，心中鬱悶無法排解。

「壓力實在是太大了！」42 歲的馬先生如是說。

馬先生是一家大型公關公司的客戶總監，每天要工作 10 個小時以上，而且還常常要同時應對客戶、同事和上司幾方面的壓力。公司在 2 個月前接了一個專案，客戶是一家外地民營公司，不了解這邊的情況，提出很多無理的要求。於是馬先生不斷地打電話、發電子郵件進行溝通，有時還要坐飛機過去與他們的負責人面談，可這邊的事情還未處理好，同事中又有臨時「凸槌」的。身為客戶總監的他終於扛不住了，突然覺得非常的累，也非常委屈，於是他獨自一人來到酒店，喝了半瓶白酒，就趴在枕頭上大哭了一場，嗓子都哭啞了，然後就睡著了。第二天清醒過來後，馬先生感覺到自己的心情出奇的好。從那以後，即使沒有任何原因，他也會定期找來一些書籍、電視劇，借機大哭一場。

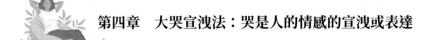

　　哭是一種宣洩與慰撫，是正常的心理表現，應該順其自然。如果在該哭泣的時候卻忍住不哭，將強烈的悲傷情緒留存在體內，時間久了，心中的壓抑就會越積越重，精神負擔也就越來越大，進而出現精神萎靡、情緒低落、嘆息不止，導致失眠，影響食慾，出現悲觀厭世甚至輕生的念頭，反應性憂鬱症往往就是這樣造成的。可以說，強忍眼淚就等於慢性自殺。

　　美國生物化學家費雷經過調查，發現長期不流淚的人，患病率要比流淚的人高一倍。研究證明，想哭而強忍著不哭，容易導致憂鬱症，並且危害生理健康。因為強烈的負性情緒會造成我們心理上的高度緊張，而當這種緊張被我們壓抑得不到釋放時，勢必成為一種累積待發的能量，引起神經系統功能的紊亂。久而久之，會造成身心健康的損害，促成某些疾病的發生與惡化，如引發結腸炎、胃潰瘍等疾病。

　　無論何種情感變化引起的哭泣都是機體自然反應的過程，不必克制，尤其是當我們心情憂鬱時，大聲地哭出來，反而能釋放壓力、獲得好心情。

善於哭泣的女人更長壽

　　人在情緒壓抑時，會產生某些對身體有害的物質，而眼

淚中恰恰含有這些有害物質。當人哭泣時,這些造成情緒壓抑的有害物質就會被排泄掉很大一部分,這樣,自然就能發揮舒緩情緒的作用。

不管是發達國家還是發展中國家,人口壽命的統計數字均表明,與男性相比,女性的壽命要長 5 ～ 10 年。一些專家經過研究後認為,除職業、生理、心理等因素外,善於啼哭也是其壽命長於男性的一個重要原因。

人在情緒壓抑時,會產生某些對身體有害的物質,而眼淚中恰恰含有這些有害物質。當人哭泣時,這些造成情緒壓抑的有害物質就會被排泄掉很大一部分,自然能發揮舒緩情緒的作用。

美國生物化學家費雷曾作過深入研究,他發現人的眼淚中除含有鹽分之外,還有較多的錳,尤其是含有大量的蛋白質,而一個人在感情衝動時,其淚水的蛋白質含量竟比患眼疾而流的淚水所含的蛋白質多得多。此外,在人體應急狀態時所產生的過多的某些皮質激素、催乳素等物質也會透過淚水排泄掉,而這些物質都是對人體有害的,排除這些物質可大大減少高血壓、冠心病等疾病的發生率。

費雷還做過一個有趣的實驗,他讓一批自願者先看動人的情感電影,如果被感動得哭了,就將淚水滴進試管。幾天後,再利用切洋蔥的辦法讓同一群人流下眼淚,也收集在試

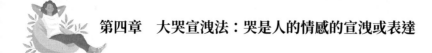

管內。據化驗結果顯示，因悲傷而流的「情緒眼淚」和被洋蔥刺激出的「化學眼淚」成分大不相同，在「情緒眼淚」中蘊含著「化學眼淚」中沒有的兒茶酚胺。兒茶酚胺是一種大腦在情緒壓力下會釋放出的化學物質，過多的兒茶酚胺會引發心腦血管疾病，嚴重時，甚至還會導致心肌梗塞。所以，當我們落下「情緒眼淚」時，排除的是有可能致命的「毒」。

除了排毒，女性還可以用哭泣來紓壓。英國《每日郵報》曾報導，一名英國頂級女律師，因不堪工作壓力和職場性別歧視而精神崩潰。根據此消息，有心理專家建議，職業女性不妨用「哭泣」的方式來紓壓，可以大哭一場，也可以看一看悲情電影。哭泣後，人會睡得特別香，失眠症也會隨之消失，第二天起來精神抖擻。

由於工作壓力大，又不喜歡與人傾訴，張小姐有了什麼不痛快都往自己心裡裝。一個偶然的機會，有朋友向她推薦了一部據說很感人的電影。週末，張小姐就把自己關在家裡看這部電影，男女主角纏綿悱惻的感情讓她哭得淅瀝嘩啦的。哭過之後，她發現心情好了很多，壓力也一下子減輕了。現在，張小姐每當壓力過大時，都會給自己找一部「賺人眼淚」的電影。

據了解，這種紓壓方式最早出現在日本。日本很多白領

買催人淚下的電影 DVD 或書籍，在家裡邊看邊流淚已成為一種時尚，這也使得以「催淚電影」、「哭泣小說」為代表的感傷文化在日本大行其道。當然，哭泣雖然是宣洩壓力的一種方式，但也只能偶爾為之。

此外，女人哭泣還有一件更美的事，那就是流淚還可以發揮美容美膚的功效。國外醫學家做過一項科學實驗。他們把受傷的老鼠分成兩組，一組能流淚，而另一組老鼠的淚腺被摘除，不讓這組老鼠流淚。實驗結果顯示，流淚那組老鼠，牠們的傷口癒合得快，而且傷好後膚色飽滿，精神面貌很好；被摘掉淚腺的那組老鼠，不但傷口開始擴散癒合緩慢，而且皮膚也失去彈性，變得枯萎、鬆弛。

為什麼男人的皮膚要比女人的粗糙？一個重要原因就是女人比男人會哭，男人因為受「男兒有淚不輕彈」的思想禁錮，流淚往往比女人少得多，女人因淚水而保護了皮膚。

一個女人只有心情輕鬆了，才會很漂亮，才會健康。所以，要做一個美麗、健康的女人，該哭泣時，就要放聲哭泣，盡情流淚！

哭有時也是男人調節心理的「安全閥」

當人感覺悲傷時，切不可強行加以控制，特別是對於男

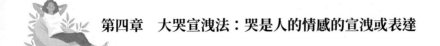

性，可以「有淚盡情流」，不要因為怕傷自尊而損害健康。

長期以來，根深蒂固的傳統觀念一直教導我們，男人哭泣是沒有骨氣的表現，再痛苦也要強挺著，最少也要有淚往肚子裡咽，絕對不可以讓它流出來，更不能當眾流出來。否則，男性氣概便會受損，身為一個男人的尊嚴便將受到指責。會被人說成是懦弱、不可靠、不穩定、不成熟，甚至精神有問題。

如果哪個男人膽敢冒天下之大不韙，在痛苦的時候任意哭泣，他可能會受到新的傷害 —— 公眾社會認為他不像個男人的傷害。這樣的枷鎖，讓男人們壓抑了哭泣的本能。當他們任憑痛苦和悲傷啃噬身體的同時，也同時拒絕了一種健康的宣洩模式。男人沒有辦法用哭來宣洩鬱積的情感，只好採用喝酒、抽煙等方式麻醉自我，其結果要麼是變成一個渾渾噩噩的徹底被麻醉的人，要麼借酒澆愁愁更愁，反而陷入更糟的情緒之中。人如果長期忍住悲傷，抑制哭泣，會對身體造成很大的不利影響。

秦先生是一家公司的老闆，不管是他的朋友還是客戶都會異口同聲地說他是個鐵人，不管碰上什麼困難，從未見他掉過一滴眼淚。一次因為重大的決策失誤，而使公司瀕臨破產邊緣，他也是一臉的堅毅。其實，在困境中他多次有大哭

一場的衝動,但都忍住了,因為秦先生覺得自己是一個大男人,不能表現得那麼沒出息。經過近半年的掙扎,公司漸漸的步入了恢復期,但秦先生卻像變了一個人一樣,性格孤僻怪異,敏感多疑,情緒不高,身體狀況也大不如前。

其實,人都有七情六欲,哭泣不只是女人的權利。心理學家的研究顯示,哭泣和呻吟 —— 這兩件「很不男人」的事,恰恰是壓力大、愛崩潰的男人調節心理平衡的自然「安全閥」。

在如今這種競爭異常激烈的社會,每一個男人都要承受來自家庭、事業、社會的各種壓力,若是長期將這些壓力憂鬱在心中,不將它們釋放出來,很容易產生各式各樣的心理問題,進而引發病變,嚴重影響身心健康。心理學家發現長期不流淚的男性,患病率要比流淚的人高一倍。有研究顯示,人在哭泣後,其情緒強度一般會降低40％,對健康自然是有利的。而那些不哭泣,沒有利用眼淚把情緒壓力消除掉者,結果是影響了身體健康,促進了某些疾病的惡化。現已知道,結腸炎、胃潰瘍等病痛與情緒壓抑有關,而哭泣則能在一定程度上消除人的情緒壓力,驅除或減輕這些病痛。

國外情感表達專家發現,哭泣的男人比女人更容易讓人覺得真誠。研究人員提供給受訪者284個題目來進行測試,他們發現,淚眼迷離比無所遮掩的流淚更會獲得別人的肯

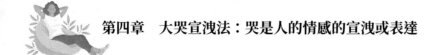

定，而且男人的流淚更容易獲得積極的反應。因為社會文化要求男性更堅強，遇到挫折困難不能隨意表露出畏懼，「大丈夫流血不流淚」，落淚不是男性表達情感的方式，在一般情況下，男人不會輕易落淚，只有遇到巨大挫折或者情感發生強烈波動、無法釋放時，他們才可能哭泣。也許是因為「物以稀為貴」，一旦男人落淚，人們就會覺得更真實，認為這樣的感情更使人感動。

痛苦是一種精神現象，哭泣是一種生理現象。哭泣是對痛苦所帶來的壓力的自然調解，是一種釋放。哭泣是我們的一種自然康復過程，是我們保持身心健康所需要的。生活節奏快，人際關係複雜，工作壓力大，每個人都可能遇到承受不了的困難或挫折。男兒有淚不輕彈，這句用來讚揚男子漢的氣派和堅強的意志的話，作為一種品格當然值得推崇，但從健康的角度來看，男人們不妨學一下善哭的女人們，當哭之時也要哭。要記得：會哭的男人才會更健康！

強行止哭易使孩子心理受傷

哭、笑、發抖，能緩解人精神上、肉體上的創傷。因此，當孩子哭時，最好讓孩子一次哭個夠，這樣既能發揮發洩排解的作用，又能培養孩子的獨立意識。

有一位母親在路邊哄著自己的孩子。小孩子不聽媽媽的勸告，只是拚命地哭。母親說好話，給他東西吃，都不管用。最後，這位母親實在不耐煩了，大聲對孩子說：「不要再哭了？再哭我就走了！」並做出要走的樣子。沒想到這樣做不僅沒有發揮效果，孩子反而哭得更凶了。於是這位母親二話不說，扭頭就走。孩子見媽媽真的走了，不要他了，這下慌了神，趕緊追上去，邊哭邊喊：「媽媽，別扔下我，我不哭了……」。

看著這種場面的確令人心疼的。這位母親的心情可以理解，但是非這樣對孩子不可嗎？哭是孩子的一種情緒表現。剛出生的嬰兒在飢餓、疼痛、尿布潮溼時，會張嘴啼哭，對於這種啼哭，父母們往往比較容易理解，常常會採取安慰的態度。但隨著年齡的增長，孩子啼哭往往摻雜了更為複雜的因素，比如當要求得不到滿足時，或和小朋友發生爭吵、被爸爸媽媽嚴厲批評時，孩子也會用哭來表達自己的不滿。

對於這種情緒上的宣洩，很多父母往往不給予理解，尤其是一些缺少耐心的父母，常常會擺出凶相，恐嚇、威脅孩子：「不許哭！再哭就揍你！」「再哭，就叫警察叔叔把你抓去。」「再哭，讓狼把你叼走！」「再哭就……」這種強行「剎車」的方法也許在當時很有效，孩子的哭聲立時會被噎回去，變成小聲的抽噎，但是這樣的壓力教育，會抑制孩

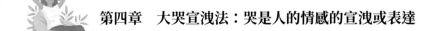

子的情緒，使孩子的情緒發洩不出來，對孩子的心理健康是很有害的。

　　孩子啼哭是不滿情緒的宣洩，父母應儘快找到原因，幫助解決，這樣孩子的哭聲也就會停止。如果不問原因，馬上恐嚇孩子，以止住孩子的哭聲為目的，有時候孩子哭得反而更厲害，這意味著父母的訓斥使孩子感到害怕和不安全，啼哭的性質發生改變，由不愉快變為害怕。

　　偶爾在父母「高壓政策」下，孩子會停止哭，父母還以為此方法奏效。殊不知，這樣做法對孩子的心理發育將帶來不良影響。由於孩子的語言功能尚未發育成熟，不會使用合適的語言來表達自己的內心想法，因此就會把不滿和憂鬱積壓在心中，並會在日後以異常的心理或行為表達出來，比如轉化為破壞心理及行為：自己做不好的事情乾脆破壞掉、對受到誇讚的同伴採取不友好的行動，甚至出現打人、罵人等攻擊性行為等。

　　從醫學角度看，哭、笑、發抖，能緩解人們各種精神上、肉體上的創傷。因此，當孩子哭時，最好讓孩子哭一會兒，等他平靜下來，再分析原因講道理。這樣，孩子內心的壓抑才能快速排解，各種「創傷」在哭過之後，很快也就忘記了。保持這種「自癒能力」，長此以往，孩子平靜、清醒、獨立、自信地思考問題的習慣會在不知不覺中悄然

形成。

哭泣不宜超過 15 分鐘

> 一個人整天哭哭啼啼，會擾亂人體的生理功能，使呼吸、心跳均無規則。有人在大哭之後，白天不思飲食，夜不能寐，這是很傷身體的。

　　哭，會使人心中的壓抑得到不同程度的發洩，從而減輕精神上的負擔，對健康是有一定好處的。但哭泣也不能毫無節制，等到感覺心情隨著哭泣而「陰轉晴」後，就不要再號啕不止了，否則對身體反而有害。《紅樓夢》中的林黛玉就是因為她的愛哭使本來就羸弱多病的身體更加衰弱，以至加速了她的夭折。

　　一個人整天哭哭啼啼，會擾亂人體的生理功能，使呼吸、心跳均無規則。不少人大哭之後，吃不下飯，睡不著覺，神疲力乏。這就會導致人心情沮喪，進而影響工作和學習效率。而且，因為人的腸胃機能對情緒的反應極為敏感，憂愁悲傷和哭泣時間過長都會使胃運動減慢、胃液分泌減少、酸度下降，進而影響食慾，導致胃部疾病的發生，有的還會誘發麻疹。

　　悲傷之下，大哭之後，我們的眼睛還會出現疼痛不適，

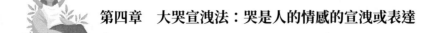

視力也同時受到一些影響，這種體會相信很多人都有。如果過度哭泣，還可能誘發或加重其他眼病，嚴重者甚至可能導致失明。

有一年春節前夕，中國一輛滿載旅客的汽車不幸墜入山澗，車中 20 餘人有 10 人當場死亡。噩耗傳來，其中一位失去兒子的母親悲痛欲絕。這位母親早年喪夫，兒子是她全部的希望和寄託，從此這位母親整日以淚洗面，每當獨處靜思或看到別人一家團聚的幸福情景時，她都會潸然淚下。起初，她偶爾會感到眼痛，但那種痛與失去親人的哀痛相比，太微不足道了。

幾個月以後，這位母親突然發現，自己眼前的景物變得越來越模糊。更可怕的是，她的右眼居然只能看到眼前的光亮！最後到醫院檢查，醫生告訴她這是慢性淚囊炎的併發症，也許只有角膜移植，才有可能讓她的右眼重見光明。

真是「屋漏偏逢連陰雨，行船又遇頂頭風」！這位母親意外失子後因過度憂傷和悲痛，大大削弱了身體的抗病能力，最終因為反覆哭泣流淚而導致了慢性淚囊炎的併發症。

不僅僅是對於成年人，對於孩子們來說，過度哭泣也會出現不良的結果。

有一對年輕夫婦因為讓孩子長時間哭泣，結果孩子突然雙眼緊閉、呼吸急促、手足顫抖，嚇壞了這對年輕的父母。

送到醫院一檢查，孩子是由於哭泣時間太長，發生了過度換氣綜合症。

過度換氣綜合症是孩子過度激動、過度哭泣時因為快速呼吸，將體內的二氧化碳（屬酸性物質）過度排出，使身體呈現鹼性，引起呼吸性鹼中毒。其表現有手足抽搐、面色蒼白、呼吸急促、感覺異常（最多見的是面部、手足麻木感）、頭暈、視物模糊、牙關及雙眼緊閉，感覺喉乾、胸痛憋氣，嚴重者有意識障礙及全身顫抖。

一旦孩子發生這種情況，怎麼辦呢？讓孩子平躺，安靜下來，然後進行語言安慰，讓孩子從傷心中擺脫出來，同時用硬紙做成喇叭狀，口大處罩在孩子的鼻口部位，讓呼出的二氧化碳部分重新吸回，改善鹼中毒現象。多數孩子 1 ～ 2 小時後即可緩解。如果還沒緩解，應立即送醫院進行搶救。

人生不可能歡樂常伴，遇到傷心或意外事情靠悲傷哭泣並不能解決問題，只會雪上加霜。因此，心理學家主張哭泣不宜超過 15 分鐘，要學會控制自己，做情感的主人。只有這樣，才能有利身心健康。

第五章
娛樂宣洩法：玩掉壓力，玩出健康

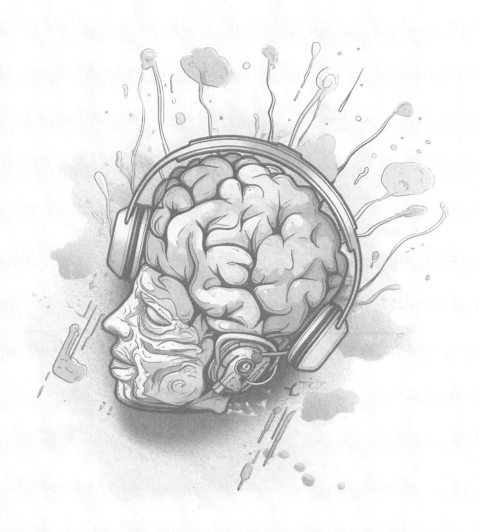

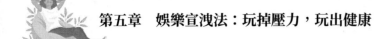

娛樂是消除心理壓力的最好方法之一，如參加舞會、唱卡拉 OK、遊山玩水、打遊戲等，都可以使我們的不良情緒得到宣洩。揮毫潑墨、去河邊垂釣、下棋打牌、伺花弄草、觀賞花鳥魚蟲等怡情養性的娛樂活動，也可以間接地舒緩人壓抑的情緒，疏解人心中的鬱悶之氣，從而減輕人心靈深處的負擔。娛樂方式不太重要，重要的是能令我們心情舒暢。

多聽音樂可緩解心理壓力

音樂悠揚舒緩的旋律、節奏、音調，對人體都是一種良性刺激。「聽曲消愁，有勝於服藥矣。」

聽音樂是現代人一種很好的放鬆方式。在人悲傷的時候，音樂輕輕拭乾人的淚水；在人痛苦的時候，音樂讓人超脫；在人煩惱的時候，音樂緩緩為人排解。音樂悠揚舒緩的旋律、節奏、音調，對人體都是一種良性刺激。「聽曲消愁，有勝於服藥矣。」列寧曾在談論貝多芬時說：「我願每天都聽一聽他創作的樂曲，這是絕妙的音樂。」

音樂具有明顯調節情緒的功能。節奏明快的使人振奮，旋律悠揚的使人寧靜；優美、柔和的樂曲使緊張的情緒得到放鬆；雄壯有力的樂曲驅走憂鬱。在音樂中，煩惱和痛苦一點點的散去，人的心境變得越來越平和。所以，當我們心情

沮喪時，不妨聽一首自己喜愛的歌曲，讓它把我們帶入另外一片天地。

美好的音樂，不但能給人以精神上的享受，緩解精神壓力，而且還能促進健康長壽。在歷史上，音樂家長壽者甚多，如著名歌劇《茶花女》的作曲者威爾第活到 88 歲；世界鋼琴大王李斯特活到 75 歲；宋代著名的文學家歐陽修享有高壽，他在談到音樂時說：「予嘗有幽憂之疾，退而閉居，不能治，既而學琴于友人孫道滋，受宮聲數引，久則樂之愉快，不知疾在體矣。」

古籍《壽世保元》中說：「脾好音樂，聞聲即動而磨食。」道家也有「脾臟聞樂則磨」的說法。聽柔和輕鬆的音樂，可以配合進食；而飯後欣賞音樂，可以使元氣歸宗，樂以忘憂，健脾消食。1972 年，波蘭政府根據幾位病理學家和音樂學家的建議，設立了第一個「音樂治療研究所」，頗見奇效。醫生給病人的「藥」是一張德國古典作曲家巴哈的音樂唱片，「每日 3 次，飯後服用」，使按時欣賞音樂的病人所患多年的神經性胃病痊癒。不久，英、美、日等國家的醫院也採用了音樂治療的方法。從現代醫學角度來看，美妙的音樂，使人體產生和諧的共振，透過中樞神經系統，促進血液循環，增強心腦肝腎功能，增加胃腸蠕動和消化腺體分泌，有利於新陳代謝。

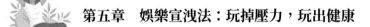

一項最新的研究還顯示聽音樂可能對心臟有益。研究人員曾對 24 名年輕男女進行了研究，讓他們聽一段音樂，看看他們的呼吸和血液循環方面有何不同。他們之中有一半是經過專業訓練的音樂家，彈奏樂器至少達 7 年之久，而其他人則沒有經過音樂培訓。經隨機排隊，每個參與者聽一小段不同類型的音樂，時間 2 分鐘，然後以同樣的順序每人再聽 4 分鐘曲子，測試中有 2 分鐘的暫停被隨意插入此佇列的每個人中。結果發現，聽複雜節奏音樂時會加快呼吸和血液循環，而與音樂風格無關，但在暫停時，所有激起的生理指標又回落到他們在聽音樂前所登記的水準，此結果還表明這與參與者性別無關，但受過音樂訓練的人作用較大，而沒受過音樂培訓的人效果就要小些。因此，聽音樂可能對心臟病患者有益。

聽音樂最好是獨自一人的時候，沒有任何雜音干擾，待在自己的小屋裡，泡一杯淡茶，取一盤自己喜歡的錄音帶，任音樂在房中緩緩流淌，任憑思緒飄向不可知的遠方。這聲音會在我們的腦海裡變化成一幅幅豐富多彩的圖畫，畫中人畫中事我們熟悉又親切，似夢非夢。我們透過這忘情的歌聲可以看到許多雙眼睛，這些眼睛傳遞著友誼，傳遞著愛情，他們或者她們在這個世界上默默地為我們祝福……獨坐在窗前的我們，會感覺自己的生命和音樂融為一體，感到音樂和

生命的親切交融，而煩惱和憂愁則拋到了九霄雲外。

　　當然，音樂雖然能緩解壓力，促進健康，但聽音樂時也應注意以下幾點：

- **生氣時忌聽搖滾樂**：人在生氣時，情緒易衝動，常有失態之舉，若在怒氣未消時聽到瘋狂而富有刺激性的搖滾樂，無疑會助長人的怒氣。
- **睡前忌聽交響樂**：交響樂氣勢宏大，起伏跌宕，激蕩人心，睡前聽此類音樂，會令人精神亢奮，情緒激動，難以入睡。
- **吃飯忌聽打擊樂**：打擊樂一般節奏明快、鏗鏘有力、音量很大，吃飯時欣賞，會導致人的心跳加快，情緒不安，從而影響食慾，有礙食物消化。
- **空腹忌聽進行曲**：人在空腹時，飢餓感受很強烈，而進行曲具有強烈的節奏感，加上銅管齊奏的效果，人們聽了受步步向前的驅使，會進一步加劇飢餓感。

　　人生一世，總會有疲憊不堪的感覺，總會有寂寞難耐的日子，總會有心事如潮的時候，那麼，感覺倦了、累了，就聽聽音樂吧！它會帶給你一份難得的愉悅。

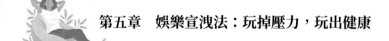

唱走壞情緒，唱出好情緒

> 唱歌與人的心理健康的關係密切。情緒低落，心情鬱悶之時，可以透過唱歌來驅除心中鬱積的不良情緒。

我們知道，多聽音樂對於維護人的心理健康具有特殊的作用。其實，除了聽以外，自己唱也能起同樣的效果。

俗話說，一唱解千愁。尤其高聲歌唱，是排除緊張、激動情緒的有效手段。民間有句俗話說「黑夜過墳地唱歌 ── 自己給自己壯膽」，便是對歌唱能緩解緊張情緒的最好注釋；《北京人在紐約》中的王起明面臨破產的威脅、失敗、失望一齊襲來之際，邊駕車邊唱：「太陽最紅⋯⋯」求得的便是暫時的放鬆。故南宋高壽詩人陸遊說：「閒吟可是治愁藥，一展吳箋萬事忘。」

因此，當我們不滿情緒積壓在心中時，不妨自己唱唱歌，歌的旋律，詞的激勵，唱歌時有節律的呼吸與運動，都可以緩解緊張情緒。

經常唱歌的人大多都會有一個好的心情。因為透過唱歌，唱出了胸中的穢氣，呼出了肺部之濁氣，吸入大量氧氣後，在增加肺活量的基礎上，改善了呼吸功能，加快了血液循環，增強了胃腸蠕動，提高了機體功能，並能使大腦皮質處於中等興奮狀態，令身心健康處於最佳水準。

在德國，有研究者對法蘭克福大學 31 名業餘歌手的研究顯示，歌唱能刺激抗體的產生，保護上呼吸道系統免受感染。該研究的負責人說，歌唱、冥想與步行一樣，對身體健康有積極影響。某醫學院教授說，經常唱歌的人能改善他們的呼吸，增加他們的氧氣供應量，刺激他們的循環系統，能將他們的身體調整到一種「平衡和充滿活力的」狀態。

由於生活與工作的壓力，有時候會使現代人的心理情緒惡化。這時，我們可以透過適度的歌唱等方式來改善自己的心理狀況。粗魯者可以在大街上吼幾句不成調的「妹妹你大膽地往前走」；細膩者回家關上門，扭開音響，哼幾聲：「好人一生平安！」還有更好的去處是卡拉 OK 廳，到大庭廣眾面前唱一段「風雨中這點痛算什麼，擦乾淚、不用問、至少我們還有夢」，或點唱那首似乎果真已滲透未來、過去人間萬事萬物的〈瀟灑走一回〉。

我們常常可以看到，當一個人在演唱一首迷人動聽的歌曲時，他會在不知不覺中步入自我陶醉的境界。歌中有情，歌中有景。唱歌時，唱歌者隨著歌詞和旋律，有時是神遊了名山大川，有時又彷彿馳騁在一望無際的大草原上。唱到「景」處宛如置身其中，唱到「情」處就會隨著歌詞中的喜怒哀樂心潮起伏，從而能使人忘卻了心中的煩惱，消除了孤獨感和寂寞感，心情舒暢。

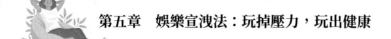

當然，唱歌也需要一定的技巧，如果盲目大聲唱歌，會引起口乾、喉嚨沙啞等狀況，有的還會導致頭暈。所以，歌唱時要做到以下 3 點：

1. 在歌唱時要打開喉嚨。當人打哈欠的時候，口腔會自然、放鬆地打開，口腔內空間會增大。打開喉嚨就像是在打哈欠，使咽喉張開，把氣息自如地送出來。
2. 要穩住呼吸。聲音的形成是由氣息運動和聲帶振動組成的，唱歌時要以氣息作支持點，把呼吸穩住。
3. 要用好共鳴腔。人體的共鳴器官主要有胸腔、口腔和頭腔。胸腔唱低音時作用最大；口腔唱中音時運用比較多；頭腔主要運用在高音。運用好這些共鳴腔體，發出的聲音就會變得圓潤而豐滿。

我們每個人可以根據自己身體情況，每天最好能堅持有 30 ～ 60 分鐘的唱歌時間，這樣既能消除疲勞、煥發精神，又能提高提高身體的免疫力！

舞蹈是最好的安定劑

舞蹈是一種宣洩感情的良好方式，是擺脫社會心理壓力的有效手段，是塑造人體健美、維護血肉靈氣的最佳途徑。

　　舞蹈是人類最早的一種藝術表現形式之一，它不僅可以表達思想抒發情感，而且也是一種運動。隨著音樂旋律翩翩起舞，可以鍛鍊身體，調節情緒，消除疲勞，緩解緊張狀態，發揮防病治病的作用。

　　比如說，迪斯可就是一項很好的健身運動。據測試，迪斯可舞的運動量相當於每小時，長跑 8 ～ 9 千米，每分鐘游泳 45 ～ 50 米，每小時以 20 ～ 25 千公尺的速度騎自行車的運動量，這樣的運動量具有明顯的減肥作用，且感覺身心愉快，容易堅持。當然，如果我們打算以跳迪斯可舞減肥，每週應跳 3 次，每次連續跳 25 分鐘，跳舞者的心率每分鐘應達 115 ～ 135 次左右。

　　舞蹈可以使潛在於內心的焦慮、憂鬱、憤怒、悲哀等不良情緒充分釋放，使心理創傷分解、消除；舞蹈可以調節大腦皮質、中樞神經系統和自主神經的功能，在其紊亂、失調時發揮平衡調節作用。我們可以注意一下舞迷們在優美旋律翩翩起舞時如醉如痴的表情，我們會承認，此時此刻，他們生活中的煩惱、事業上的挫折、仕途上的坎坷，都已經被拋到腦後，或者完全被遺忘掉了。某位著名舞蹈家曾經寫道：「舞臺猶如一座神聖的藝術殿堂，我的靈魂出竅了，昇華了，迷夢般的舞蹈之神，輕輕地發出了一種悠遠的呼喚，我只感到自己的心在飛，在舞，忘卻了自己的存在。」

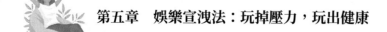

　　某公司在為員工緩解壓力時採用的方法就是讓員工在舞蹈中放鬆。這家公司主要是以銷售為主，員工的主要工作就是跑業務，所以人人都有一種緊迫感。為了緩解員工的心理壓力，公司便出臺了這麼一種制度，即在每天下班前 5 分鐘，在辦公室放一曲動感比較強的音樂，讓所有的員工都動起來，隨著音樂的節拍跳舞，以緩解一天來的工作壓力。

　　事實證明，這種方法很有效，一曲勁舞之後，員工的疲勞現象不見了，彷彿又回到早上上班前的狀態了，變得有精神了。而人一精神，做什麼事情就都有動力，業績也就得以提升，因此而事半功倍。

　　金代醫學家張子和在《儒門事親·卷三》中介紹：「便雜舞，忽笛鼓應之，以治人之憂而心痛者。」即以舞蹈療法與音樂療法相結合，治療因憂傷而心痛的病人，收到了良好的效果。

　　舞蹈離不開音樂，優美悅耳的舞蹈音樂能給人以美的享受，跳舞的同時也是一個欣賞音樂的過程。音樂的旋律和舞蹈的動作恰到好處地融合在一起，能夠發揮放鬆精神、調節情緒的作用。失眠者中很多人常有情緒不穩定，有興奮、憂鬱、亢進、低落、多愁善感、緊張、懊惱等表現，透過舞蹈這種全身運動，可使失眠者感到輕度的疲勞，從而使情緒安定平和，有益身心。

舞蹈還可以鍛鍊內臟器官的功能。經常進行舞蹈鍛鍊，可能改善心臟功能，促進血液循環；可以改善呼吸系統的功能，使得呼吸加深，更多的吸進氧氣和排出二氧化碳；可以改善消化系統的功能，促進食物的消化，吸收和排出；還可以提高感覺的靈敏性，對冷熱的適應能力。明代醫學家在《紅爐點雪‧靜坐功夫》說：「歌詠可以養性情，舞蹈可以養血脈，又不必靜坐。」

可見，舞蹈是宣洩感情的一種良好方式，是擺脫社會心理壓力的有效手段，是維護血肉靈氣的最佳途徑。我們可以在業餘時間或節假日中，經常參加舞蹈練習，以保身心健康。

當然，我們在進行舞蹈運動時還要注意以下幾點：

1. 舞蹈的時間要適當，一般每天 1 ～ 2 小時，時間過短，未能發揮出鍛鍊的效果，時間過長易導致疲勞過度。
2. 要合理選擇舞蹈形式，舒緩輕鬆的舞蹈和快節奏激烈的舞蹈，運動量迥然不同，因此選擇舞蹈形式要因人而異，須考慮年齡、身體狀況、身體柔韌度幾個因素。
3. 舞蹈開始前也應進行基本的熱身運動，結束後不宜立即飲水、不宜隨地而坐，應散步片刻，待肢體舒緩。

為了自己的身心健康，朋友們，讓我們不妨也跳起來，無論你是年輕人，還是老年人。

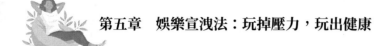

遊山玩水鬆弛精神

> 旅遊能使人開眼界，見世面，可以享受人生諸多快樂，最有益於身心健康。

中國大好河山，絢麗多姿，無不向人訴說著人間風景的壯麗和秀美。如果我們尋三五志同道合者，利用雙休或節假日，跋山涉水，融入大自然，寵辱皆忘，物我合一，其樂陶陶，哪裡還有煩惱可言？

大自然風光對人的心理有著積極作用，這早已被古人所認識。唐詩曰：「清晨入古寺，初日照高林。曲徑通幽處，禪房花木深。山光悅身性，潭影空人心。萬籟此俱寂，惟聞鐘磬音。」人漫步在碧波蕩漾的湖畔，使人心情恬靜；面對波濤滾滾的大海，使人想到迎擊風浪；登上聳入雲霄的高峰，使人想到奮發向上。在大自然美景的薰陶下，我們的憂愁與煩惱早已跑得無影無蹤。

旅遊還是一種體力活動與腦力活動的輪流休息，有助於強心肺、減脂肪、壯健筋骨、健美肌肉，並使大腦疲勞區域得到充分休息。有人測定，在野外，每分鐘心臟跳動比在城市要減少 4 ～ 8 次，個別情況可減少 14 ～ 18 次，呼吸可減少 2 ～ 3 次，這是極益心肺的。為什麼這樣說呢？高原、森

林和海濱的空氣中富含負氧離子，這種負氧離子可改善呼吸功能，活躍副交感神經，促進細胞的新陳代謝。

還有研究顯示，長年在外旅遊者即使食量增加也不會發胖，因為旅遊是效果最顯著的非鍛鍊性熱耗，它大大減少了脂肪在體內堆積的機會。旅遊的行走和攀登，不但能磨練意志和毅力，而且還能使腰部和腿部的肌肉變得結實有力。沐浴在陽光中，紫外線能殺滅多種細菌，因而能有效地防止流感、流腦、麻疹等疾病的傳播和擴散。同時，透過紫外線對皮膚的照射，還能夠製造維他命 D，促進身體對食物中鈣和磷的吸收，可以防止軟骨病和皮膚病。

另外，美國心理學家還認為旅遊能夠延長人的壽命。研究人員曾調查追蹤了 12,338 名 35～57 歲的男人，結果發現，被研究者在初期都沒有心臟病的跡象，他們的體重、血壓、膽固醇都不在危險的水準上，但後來這些因素轉變為心臟病的危險因素，每年外出旅遊的人比那些從來不旅遊的人死亡可能性要小 21％，患冠心病致死的可能性要小 32％。中國書畫家晏濟元在 106 歲時仍然面色紅潤，自己炒菜澆花，在 99 歲登上華山，101 歲遊覽雲南麗江虎跳峽，103 歲登上長城寫生作畫，還有很多畫家和攝影家老壽星一生與旅遊相伴，到深山、草原、旅遊名勝之地繪畫、攝影。

當然，旅遊有益，但也要注意以下幾點：

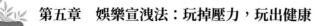

- **旅遊要因人、因地、因時制宜**：中國著名古建築專家與園林藝術家陳從周教授曾指出，「年高的泛舟水中，怡然自得；年輕的，攀山登岩，礪練意志；新婚夫婦，靜舍小憩，蜜月更甜。」不同氣質類型的人應選擇適當的旅遊地點，陳從周教授認為：「多血質者應去名山大川，直抒胸臆；膽汁質者則游游亭臺樓榭，靜靜心境；憂鬱質和黏液質者則以觀今古奇觀和起落較大的險景勝地為上，改變抑滯。」

- **旅遊期間要注意飲食和起居**：旅遊者初到一處可選擇性地吃一些當地特色美食，但要吃得適量，同時要注意食品衛生，如果飯後還有旅遊活動，則不宜飲酒。同時注意早睡早起，養成良好習慣，避免旅途疲勞。

- **旅遊中要解決暈車、暈船、暈機的問題**：發生暈車、暈船徵兆時，應保持安靜，臥床閉眼休息，口服 1 ～ 2 錠暈車藥。乘坐車、船、機前要睡好覺，不宜吃得過飽，也不宜空腹，少吃油膩食物，選擇較為通風的座位，雙眼向遠方眺望，以減少眩暈感。中醫裡也有一種治暈車、船的療法，很有效，就是把一小片生薑貼在兩隻手腕上可防暈（也可貼在肚臍部位）。

總之，我們要學會邁出家門，到大自然中去，到風景名勝區去，到自己想去的地方去旅遊，去健身，去陶冶情操，

去拓展胸懷，去培養自己的興趣，去開闊自己的視野，促進自己的身心健康。

玩玩具也是一種放鬆方式

> 成年人同樣需要娛樂和遊戲，適當玩些玩具可以發揮緩解工作壓力，放鬆心情的作用，並且透過玩還可以得到智力的再開發。

由於生活和工作節奏加快，很多上班族感覺疲倦不堪，異常勞累，於是大家都在尋找一種能讓自己神經鬆弛的好辦法，有人喝酒、有人跳迪斯可、有人唱歌……但不知曾幾何時，各種成人玩具也開始流行起來。成為了大家緩解工作壓力的另外一種方式。

小劉是一家報刊的編輯，每天晚上一下班，他便一頭栽進公司附近的一家玩具吧。被譽為全球最好玩百種玩具之一的「路徑棋」是他的最愛。在玩具吧裡找個玩伴，一起體驗「鋪路攻城」的樂趣，不僅沖淡了一天的勞累，還讓小劉結識了很多朋友。小劉說，以前自己的生活圈子很小，每天是公司宿舍兩點一線，現在透過玩玩具，認識了許多年輕朋友，大家經常組織其他活動，生活豐富了許多，精神也越來越放鬆。

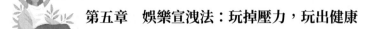
　　27 歲的小林是一所中學的美術老師。工作之餘，他有一個「幼稚」的愛好——擺弄「變形金剛」玩具。在他的家裡和辦公桌上，擺放著許多大大小小的「變形金剛」，平時沒事逛逛玩具店是他休閒時的一大樂事。「柯博文」、「狂派」、「大黃蜂」……提起這些「經典」的名字，他如數家珍，尤為興奮：「變形金剛太酷了，我從小就喜歡玩。工作之餘看看玩玩這些玩意，真是一種放鬆的享受。」

　　如今，像小劉、小林這樣熱衷玩具的成年人並不少見。曾有一項調查顯示，八成以上的上班族認為，辦公室玩具能緩解工作壓力，有助於他們宣洩工作中的焦慮和不滿情緒。近九成的上班族認為應該擁有自己的辦公室玩具。

　　玩「成人玩具」在西方白領中更是盛行。有資料顯示，日本 20 歲以上的白領中，至少有 84％的人擁有自己的玩具；美國玩具公司，每年 40％以上的產品是專門為成年人製作的。心理學家認為，在現代社會中，成年人在工作時時常承受著巨大的壓力，這種壓力不能無限制地堆積，人們需要借助某種形式把壓力發洩出來，玩玩具成了一個不錯的選擇。

　　成人益智玩具的難度一般都比較高，遊戲過程往往不易，甚至會讓人在玩的過程中感到煩躁，但這卻是對工作產生緊張的一種轉移。人們在玩玩具的過程中發洩了焦躁和緊張，並且在遊戲成功之後還能得到勝利的喜悅，還有某些需

要群體共同玩的玩具（如益智棋），競爭性強玩起來也非常有意思，它們既能讓我們更積極地看待生活中的每一件事，又可以鍛鍊人的觀察力和思考力，很符合現代人對「玩」的要求。

成人玩具還能讓人找到現實中未必能得到的快感和成就感，能讓人感到刺激或放鬆，成年人在玩的過程中往往會無意識地把自己帶入兒童的角色中，這樣一來，他們就會暫時忘卻自己的日常角色，而來自工作和人際關係的壓力和緊張感往往也會隨著遊戲的進行自然而然地消失。

成人玩具大致上分為智力型和趣味型兩大類，另外還有一種就是介乎兩者間，既需要智力，也有很強的趣味性。智力型玩具，就是不但需要費點腦子，還需要毅力的那種。玩這種玩具的好處就是開拓思維。

在智力遊戲中，中國最有名的莫過於「華容道」了，另外就是源自緬的河內塔，來自埃及的 KAHA。趣味型的遊戲一般都是動手為主，動腦為輔，既可以一個人玩，又可以大家一齊玩，方法比較簡單、有趣，能活躍氣氛。在趣味性的遊戲中，除了「六角跳棋」、「飛行棋」、「國防跳棋」等棋類外，還有著名的「狐狸與鵝」和來自美國的「9 人毛利舞」，其中最著名的是一種 18 世紀法國貴族發明的「單身貴族」圍棋，因其攜帶方便，是目前年輕人的首選。

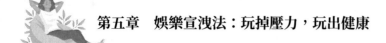

在英國有句諺語說：「不會玩，湯姆也會變成傻瓜蛋。」所以說，不管是為了緩解壓力，還是為了提高自己的思考力，玩玩具可是一個不錯的選擇噢！

練習書法養心怡情

> 練習書法是修身養性的絕佳方式。養身要動，養心要靜，而練習書法既有動也有靜，因此是很好的一種養生休閒方式。

生命在於和諧運動，而練習書法是腦、體、心、神相結合的平衡性活動，它能促進人之腦細胞活力得到增強，使人之情操得到陶冶，人之身體得到修養，人之天壽得到延長。

中國古往今來有許多書法家都是長壽者。如五代的楊凝式和近代的吳昌碩都達到了 80 歲以上的高齡；唐代的歐陽詢活了 85 歲，柳公權活到 88 歲；明代的文徵明則享 90 高壽。古人說過「壽從筆端來」，它道出的正是書法與長壽間的辯證關係。

書法是一種有益的健身運動。宋代詩人陸游說過：「一笑玩筆硯，病體為之輕。」這是說練習書法，筆下生力，墨裡增神，有利於防治疾病，強體健身。從某種程度上說，練習書法又是一種特殊的勞動。書法功夫不僅是展紙揮毫潑墨，

還需用心用氣，每臨池握筆，開卷書寫，必然端坐凝視，雙目凝聚，專心所志，百念不生。練習書法看上去只是手在動，其實全身的氣血在運行，習書法在於執仗五指，運動依手腕，既是腕運動又是整個手臂及肩運動，可舒筋活絡，堅骨豐肌，延緩機能的衰老。

清代書法家周星蓮在《臨池管見》說：「作書能養氣，亦能助氣。靜坐作楷書數十字或數百字，便覺矜躁俱平；若行草，任意揮灑，至痛快淋漓之候，又覺靈心煥發。」書法創作不僅活動了四肢、全身，而且活動了頭腦。運筆之勢，相當於太極拳、氣功，外煉形、內煉氣，對全身組織、器官進行了一次「按摩」，使呼吸勻稱、心境平靜、血液循環加快、新陳代謝活躍、抗病能力提高。

書法具有調節穩定情緒，集中注意力的作用。古人雲：「凡書之時，貴乎沉靜。」這在心理方面叫做「養心逸情」，一靜而百動。大腦皮層興奮和抑制得到平衡，內臟器官功能得到調整，四肢肌肉得到鍛鍊。同時，寫字時前後心境要求做到凝思冥想，心會手到，所謂「潛心妙得」，即有好的心緒才能寫好字。書法藝術能人美的享受，不論創作的書法作品品質如何，都會給自己帶來十分愉快的心情。清代史學家趙翼在《甌北詩話》中指出：「學書用於養心愈疾，君子樂之。」

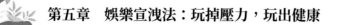

　　書法講究「三到」：筆到、氣到、心到。氣到，則字體不縹緲，若是中氣不足，便會犯書法「蜂腰」之大忌。又說：「生氣遇於心，龍蛇吐於筆。」所謂心手相應，氣透指端，故書家常以「三指禪」作為書法的別稱，足見氣之於書法的重要性。可以說，書法的過程也就是練氣的過程，所以有養生之效。

　　練習不同的字體對人體也有不同的益處：

- **習楷書**：字體端正工整，結構緊密，法度嚴謹，提按頓挫如磐石，沉著穩重，對於焦慮、緊張、恐懼症、凝病症，冠心病、高血壓、心律紊亂的心理調節有益處。
- **習行書**：字體行如流水，給人以輕鬆自如的享受，對於抒發性靈，培養人的靈活性和應變能力很有幫助，故適合於憂鬱症，自卑感，手足麻痺，腦血栓者練習。
- **習草書**：筆勢連綿，體勢放縱，大起大落，如風馳電掣，一氣呵成，故適於精神壓抑，憂鬱者抒情達性之用。
- **習隸書**：體勢風格變化多端，形象豐富，書寫從容，對於調節焦躁不安，固執偏執的情緒有幫助。
- **習篆書**：嚴正安穩，行筆緩留的特點，尤為適合焦慮、緊張和躁動者調節心理，適合於Ａ型性格者，對高血壓，冠心病患者也有治療效果。

要把書法與健身有機地結合起來，就必須注意寫字時的姿勢。具體方法是：寫字時頭要正，臂展開，腰挺直，肩放鬆；呼吸深而自然，精力集中，心正氣和，排除任何雜念，這也是練氣功時坐姿的要領。再者，執筆運墨時要指實，掌虛，腕平，肘懸起，從而達到如練氣功時的狀態。這樣，就會很自然地通融全身的氣血，使體內各部分機能得到調整，有力地促進血液循環和新陳代謝。

潛心於書法，從「學法貼字」中既可獲取「營養價值」極高的精神食糧，陶冶情操，得到高尚靜雅和美的享受，又可怡情養性、健身益壽，何樂而不為！

潑墨繪畫解鬱除煩

繪畫能使人在藝術境界中寄託情懷，獲得精神滿足，發揮益氣養神、怡情養性、解鬱除煩、健腦強身的作用，有益於身心健康。

1915 年 9 月，正當不惑之年的邱吉爾被免去了海軍大臣的職務，心情十分沮喪。後來，一個偶然的機會使他迷戀上了繪畫，並因此而振作起來。此後，繪畫猶如「伴侶」，陪著他走完了一生。1921 年，邱吉爾的母親去世，3 歲的女兒也不幸夭折；1929 年至 1939 年邱吉爾離任首相職務；1945

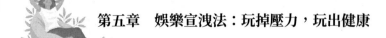

年，他又在大選中落選。這一次次的打擊和傷害，都是繪畫撫平了他心靈的創傷。邱吉爾後來說：「如果不是繪畫，我幾乎活不下去，我無法承受這些打擊。」

繪畫作為一種藝術，的確對於調整人的狀態，釋放人的情緒，如憤怒、畏懼、嫉妒、緊張、憂鬱、瘋狂、散漫、疲憊、自卑等能發揮良好的效果。除此之外，繪畫還能發揮利關節、通氣血、調陰陽、陶冶情操、煥發青春、抗老延年的作用，故繪畫者多長壽。歷代著名畫家中高壽者屢見不鮮，如中國著名畫家齊白石94歲，義大利著名畫家提香（Titian）終年99歲，可見繪畫使人長壽絕非偶然。

在美國長島，有一位100歲老人名叫萊伯曼，他雖然頭髮已經花白，但卻顯得精神矍鑠，老人看上去最多不超過80歲。據老人自己講，他根本沒想到自己能活上100歲，因為在他80歲的時候，曾對生命失去了興趣，以為自己到了壽終正寢的時候，那時他健康狀況很差，看上去像是真的要不行了。但一次偶然的機會，他與繪畫結緣，使他迎來了自己人生的第二次青春。

那時，老人常到城裡的俱樂部去下棋，以此消磨時間。一天，俱樂部的一位工作人員告訴他，往常那位棋友因身體不適，不能前來做陪，看到老人的失望神情，這位熱情的工作人員就建議他到畫室去看一看，還可以試畫幾下。

「您說什麼，讓我作畫？」老人好奇地問道，「我可是從來都沒摸過畫筆。」

「那不要緊，試試看嘛！說不定您會覺得很有意思呢！」在這位工作人員的堅持下，萊伯曼便到了畫室，平生第一次擺弄起畫筆和顏料，但他很快就入迷了。

81 歲那年，老人開始去聽繪畫課，開始學習繪畫知識。從此，老人感到重新找到了生活的樂趣，精神慢慢好了起來。

1997 年，洛杉磯一家頗有名望的藝術陳列館專門為已年過 100 歲萊伯曼舉辦了一次畫展，許多有名的收藏家、評論家和新聞記者全都慕名而來，作品中表現出來的活力，贏得了許多觀眾的讚賞。

老人在展後接受採訪時意興昂然地說：「我不說我有 101 歲的年紀，而是說有 101 年的成熟。我要借此機會向那些自認為上了年紀的人表明，這不是生活暮年，不要總去想還能活到哪年，而要想還能做什麼，想辦法做點自己喜歡的事，這才是生活。」

現代研究認為，老年人提筆做畫，能使大腦皮層的興奮和抑制功能得到良好的調節，使中樞神經系統功能趨於穩定，有助於指揮全身各部位臟器功能正常運轉，生理功能可得到充分發揮。

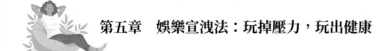

　　人在作畫之時，要沉心靜氣，即使在不愉快之時提起畫筆，也可消除煩憂和不安，使人精神處於平靜、愉快之中。當一張滿意的畫作完成時，人就會感到其樂無邊。因此，作畫過程可以培養人胸懷寬闊、堅韌不拔、謙虛謹慎的品德和高尚情操。

　　作畫時只有坐得正，立得穩，才能揮灑自如，得心應手。揮毫潑墨之時，多用左手磨墨，右手揮毫，執筆虛掌，實指，平腕，懸肘。不論坐還是立作畫，都得使用全身之力。心、眼、手協調一致，可靈活手指、腕關節，平穩肘、臂之力，平衡臟腑及全身氣血。揮毫如舟行海面，隨機上下，搏擊起伏；潑墨若馬踏草原，任意由韁，馳騁逍遙。停筆或如親人遠別，人盡意在；或如老大鄉歸，思念頓除。這一藝術活動過程，抒發了作畫者胸中的所積所得，是一種情感和意念的轉移過程，能使人達到忘我的境界。

　　除了作畫，欣賞繪畫作品同樣使人心情舒暢，積極向上，促進身心健康，戰勝疾病。尤其是中國畫重在寫意，講究意境，能把人帶入一種境界，使人產生無限的聯想，因而對人能產生深層的作用。如觀山水風景，心曠神怡；賞花卉怡然自樂；對寒梅松竹，情懷高逸；觀虎豹雄獅，提神壯膽。

　　中國畫史中記載了很多以畫怡情、健體、療疾的例子。據《苕溪漁隱叢話》記載：宋代詞人秦觀在汝南為官，曾患

有慢性胃腸炎，經久未愈。一日，友人高符仲採訪，拿出一幅唐代詩人王維所繪的《輞川圖》對他說：「若常觀此畫，病一定能治好。」秦觀叫人將此畫放於臥室枕上，時常欣賞。每當看到這幅圖畫時，他就彷彿進入畫中的美境，猶如親身遊歷其間，神清氣爽，心曠神怡。經過幾日的「畫中游」，秦觀的胃腸不適症狀一掃而光，病逐漸痊癒。

《太平廣記》中也記載了一個以畫治病的故事：鄱陽王被齊明帝殺後，王妃悲傷過度，得了癇病，多方醫治無效。後其兄劉僧請名畫家袁茜畫了一幅畫，畫面是鄱陽王與生前寵姬共同照鏡圖。王妃見了，非常氣憤，罵曰：「斫老奴晚。」悲痛乃減，病也痊癒。

繪畫的好處竟有如此之多，因此，當我們情緒低落時，精神亢奮時，心情緊張時，心煩意亂時，無所事事時不妨去畫畫吧！

棋牌可使忘憂樂情

棋牌是集科學性、知識性、競技性、趣味性於一體，以腦力運動為主的活動，它有消愁解悶、振奮精神、轉移意念、開發智力、聯絡感情、增進友誼、驅除孤獨的功效。

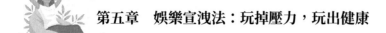

　　自古以來，棋、牌之風，一直盛行中華，經久不衰。茶餘飯後，或串親訪友，棋牌愛好者總要爭戰一番。玩棋牌的好處有很多，它不但能開發人的智力，而且能怡情悅志，令人長壽不夭。

　　人在下棋打牌時，常常是全神貫注，憂愁煩惱皆忘，可以鍛鍊思維，促進人際交往，還具有延緩老年人智力退化的作用。古人雲：善弈者長壽。古今棋手中，長壽者不乏其人，如明末的高蘭泉，清末的祕航，都壽至 90 歲以上；中國近代象棋名手林弈仙，去世時 93 歲；謝俠遜去世時 99 歲，被人譽為「百歲棋王」。

　　棋牌種類很多，著名的有圍棋、中國象棋、國際象棋，已被列入體育運動競賽專案，還有跳棋、鬥獸棋、軍棋、飛行棋等諸多遊戲棋類，另外，麻將、撲克牌也是具有極強娛樂性、消遣性的活動，為陰柔娛樂中的佼佼者，也是最為普及的大眾休閒項目。

　　玩棋牌能恰養情志。遊戲之時，心神集中，意守棋局牌局，精誠專一，雜念盡消，謀定而動，談笑風生之間，以決勝負，能使人把注意力從日常生活的負重狀態中擺脫出來。玩棋牌具有凝神靜氣的作用，對於孤悶無聊引起的神志損傷者，尤為適宜和有益。現在最早的圍棋書譜名曰《忘憂清樂集》，可見弈棋的真正目的在於「忘憂樂情」，調暢情志，

令人長壽。難怪許多名人哲士皆以「閑對弈秋傾一壺」為一種雅興，唐代詩人杜甫則寫下了「老妻畫紙為棋局」的詩句，記述了興然弈棋的情景。

玩棋牌還能鍛鍊思維，啟迪智慧。遊戲的每一步都是判斷、推理、計算和決策的過程，參與者透過發揮主觀能動性，能增強邏輯性和辯證法。如圍棋，以軍事辯證法為基礎，需要把計算能力、分析能力、默記能力、戰略戰術巧妙地揉合在一起，長此以往，可鍛鍊思維能力，保持智力，防止腦細胞的衰退。

棋牌作為一種十分有趣味的娛樂活動，適度把玩確實有益健康。需要注意的是，娛樂也必須適度，才能樂在其中。置身棋牌中時應注意以下問題：

● 要注意時間不能過長

在棋逢對手、競爭激烈時，全神貫注、目不斜視，頸部肌肉和頸椎長時間固定於一個姿勢，會造成局部循環不良，降低胃腸的蠕動，導致消化不發生良和便祕。還會肌肉勞損，易患緊張性頭疼和頸椎病，心肌的收縮力以及身體的免疫功能都會減弱，有損於健康。一般每次 1～2 小時左右為宜，切不可通宵達旦、廢寢忘食，而影響休息和工作，損害身心健康。

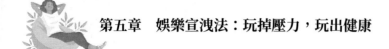

● 不要把勝負看得太重

有些人在玩棋牌時極其慎重，猶豫難決，精神高度緊張，深怕一著不慎而落得全盤皆輸的結果。若輸了，則鬱鬱不樂，追悔不已；如僥倖勝了，則興奮過度，這樣對身心健康是有極大害處的。只有從自己的實際情況出發，以弈棋打牌取樂為目的，而不以勝負論英雄。若對方好勝心強，亦不妨讓其幾招，皆大歡喜，如徐達與朱元璋下棋，雖負而得千古詠唱。

● 要注意講究衛生

很多玩棋牌的人，往往不擇場地，或蹲在路旁，或席地而坐，或伸頸折背觀其勝負，任憑風沙撲面，塵土飛揚，依然兩眼全神貫注，奮戰沙場。另外，棋子或紙牌經過與很多人的接觸，容易被各種細菌汙染而成為傳播之源，日久天長，病從口入，就會貽害健康。因此，在下棋、打牌時不要吃東西吃零食。尤其在活動進行中去洗手間前後要洗手，活動結束後更要認真洗手。

野外垂釣益智養神

> 垂釣的樂趣可以沖淡精神上的憂慮，處於這種精神狀態
> 中，必然有利於疾病的醫治和心情的好轉。

釣魚是中國一項古老的文化傳統。「姜太公釣魚，願者上鉤」中的故事距今已有數千年的歷史，柳宗元的詩句「孤舟蓑笠翁，獨釣寒江雪」更是膾炙人口，唐代大詩人儲光羲也曾這樣寫道：「垂釣綠春灣，春深杏花亂，潭清疑水淺，荷動之魚散。」

釣魚不僅在於捕獲魚，更在於怡情養性，增進身心健康。姜太公活到 97 歲的高齡，他在任職時已是耄耋之年，但身體健康，耳聰目明，思維敏捷，精力充沛，不僅是因為他有超人的天賦，還與他十餘年的垂釣生涯有一定的關係。

「湖邊一站病邪除，修身養性勝藥補」，這句話鮮明地總結了釣魚活動對防病治病、陶冶性情的積極作用。

釣魚對於人精神狀態的調節極有說明。人身在大自然，呼吸清新氣，臨風把竿，心曠神怡，心調氣暢，動靜結合。開始垂釣後，人的眼、神專注於水面浮標的動靜，意識完全沉浸在水面上魚漂一抖一動的安靜意境中，只有一小部分的大腦皮層在興奮和活動，這就發揮了調節、放鬆和消除疲勞的作用。當魚兒欲上鉤之時，聚精會神，意守魚鉤，凝神靜

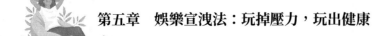

氣，嚴肅以待，一旦魚兒上鉤，那種歡快輕鬆之情，不禁油然而生，魚兒進簍，又裝餌拋鉤，寄託新的希望。每提一次竿，無論得魚與否，都獲得一次快樂的享受。

釣魚還可增強人的體質、愈疾防病。垂釣時，或站立，或坐蹲，或走動，或振臂投竿，靜中有動，動中有靜。靜可存養元氣、鬆弛肌肉、聚積精力；動可舒筋活血、按摩內臟、產生抗力。動靜結合，剛柔相濟，使人體內臟、筋骨及肢體都得到了鍛鍊，增強了體質。

釣魚活動一般選擇江河湖海之濱，綠樹成蔭、山清水秀之處。垂釣者或沐浴著陽光，或在樹陰下納涼，欣賞周圍的湖光山色，呼吸著富含負離子的新鮮空氣，使人賞心悅目，心曠神怡。這說明釣魚能接觸、飽嘗大自然之陽光和清新空氣，可促進新陳代謝，改善人體心肺功能，對治療高血壓、心臟病等慢性疾病大有裨益。中醫經典著作《黃帝內經》中說：「蒼天之氣，清淨則志意治，順之則陽氣固，雖有賊邪，弗能害也。」

此外，垂釣對人的性格修養也有好的作用。釣魚需要耐心、細心和專心，長期堅持釣魚，可使情志過激者逐漸變得凝重、深沉，在娛樂中使人格得到錘煉。

下面我們再給大家講一講垂釣的技法：

春季時，氣溫逐漸變暖，在這期間，鯽魚比較活躍，其

次是鯉魚和青魚。此時釣魚，必須選擇陽光充足的好天氣，陰天、雨天不宜釣魚。此時魚兒覓食的時間一般在早上 10 點至下午 3 點之間，這段時間光照最充足，故在春季釣魚時間以此時段為最佳。

夏季垂釣的時間很長，從早上 4 點一直可以釣到傍晚 7 點。地形應選擇在通風、陰涼處。一般從早上 4 點至 8 點之間可以釣鯽魚、青魚、甲魚、黑魚、鯿魚、鱔魚、鰻魚，以及其他雜魚等。8 點以後，鯽魚很少上鉤了。此時，可用半生熟的山芋或麵粉團釣鯉魚，水深宜在 100 ～ 140 公分之間的中水區。到了下午 3 點以後鯽魚又開始上鉤了，但必須在深水區下鉤。

秋季垂釣的時間也較長，從早上一直可以釣到傍晚。從早上到中午，在朝陽的地方垂釣為好；中午以後到陰涼處垂釣為宜。魚兒經過炎熱的夏季之後，體內的脂肪消耗了很多，急需補充養料。這時的魚兒格外活躍，覓食積極，流動的範圍較大，一般多活動在 80 ～ 140 公分深的水域內。上鉤的多為鯽魚，其次為鯿魚、鯉魚、青魚、鯰魚，偶爾也能釣到甲魚。

冬季垂釣，一般選擇水深 2 公尺左右，水面寬度不超過 20 公尺，略有水流的水域垂釣。因為深處水溫比水面高，魚類喜歡逗留；水面窄，魚竿容易伸到河中心。淨水面光照

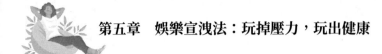

足，魚類一般都沉底聚集，宜投餌；其次是草邊，最差是釣草洞。魚兒在冬季活動範圍較小，在上午 9 點以前，魚兒基本不覓食，要到上午 10 點以後，在光照充足的情況下，才開始緩慢地遊動。在中午 11 點半至下午 1 點半之間，少量大鯽魚會遊到枯水草底下取暖覓食。此時可用紅活蚯蚓浮釣，也可用飯粒在深水處引釣，效果很好。

　　此外，投放誘餌也要掌握一些技巧，誘餌量不宜多，因為冬季魚類的胃口不大，同時注意冬季魚上窩的時間要稍微長一些。上午 8 點至 11 點、下午 3 點至 5 點為上窩高峰，最佳時間是下午 3 點至 5 點。投放魚餌要做到窩多量少，要多帶幾個備釣窩。

第六章
洗浴宣洩法：洗澡是提精神的有效方法

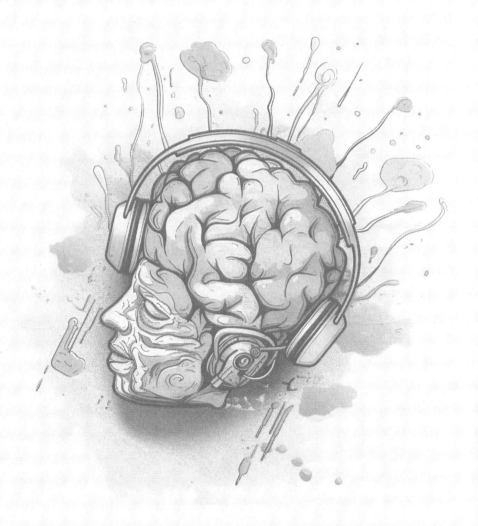

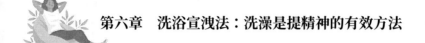

　　洗浴是我們日常生活當中必不可少的一件事。有些愛乾淨的人士甚至偏激地認為一天不吃飯可以，但是不能一天沒有洗浴，有些男士還時不時地要桑拿一把，女士們則熱衷於香薰泡澡。的確，洗浴不但可以清潔身體，還可消除疲勞、舒筋活血、改善睡眠，亦可促進全身細胞的新陳代謝，提高內分泌腺的機能，而且透過溫水的浸泡，甚至能夠治療某些疾病，所以當我們忙碌了一天回到家中的時候，當我們遇到煩惱或心情不好的時候，不妨先痛痛快快地洗個澡吧！

心情不太好，不妨洗個澡

> 不管是誰，堅持經常洗浴是一個不能忽視的健身方法。美美地洗個澡，不僅可以去除汗垢油脂，還能使身心獲得徹底放鬆，疲勞的身體得以迅速恢復。

　　梁實秋在《雅舍菁華‧洗澡》中說，我們一向是把洗澡當作一件大事的。的確是這樣，洗澡能夠去除汗垢油脂、消除疲勞、舒筋活血、改善睡眠，有利於身體健康。唐代《天隱子》一書中有一段精彩的描述，點明了洗浴去垢、健身的雙重作用：「齋戒者，非蔬茹飲食而已；澡身者，非湯浴去垢而已。益其法在節食調中，摩擦暢外者也。」意思是說，吃齋不光是戒葷茹素，它實際上還有節食以調和脾胃的作用；

洗澡也不只是用熱水洗去汙垢，它還可透過摩挲皮膚，使人體肌膚通暢、血脈流通。

現代人工作忙碌，心裡疲憊，有時一整天精神都不好，這不僅影響工作，還影響人一天的心情。如果我們在早上洗個熱水澡，可使一天的精神更加飽滿，工作時幹勁十足；勞累一天，晚上回到家後泡個澡，可消除疲勞，有助於睡眠，還可以洗去心中的不快，使心情得到放鬆。

當潔淨的水流包裹自己的身體時，除了潔身去汙外，還讓人感到「心靈的淨化，凡塵的離去」。欣賞裸露的身體同時，也許我們會由衷感嘆到「身外之物有何用，重要的是自己的身體與靈魂」。洗澡的同時，若我們主動聯想、回憶曾經有過的令自己愉悅的情景，如與伴侶、密友漫步於細雨中，曾在大海邊、森林裡盡情享受自然的美感時，放鬆的效果更會超出我們的想像。

日本學者認為，洗澡的最大作用之一就是消除疲勞。辛苦一天之後洗個澡，這是「金不換」的消除疲勞法。人體疲勞時經常表現為肌肉酸痛，而溫水浴對交感神經有刺激作用，可以達到鎮定效果。國外有專家測試表明，運動員在進行大運動量的訓練後，在 43℃ 的浴水中泡洗 5 分鐘後，血液中的乳酸幾乎沒有變化，而泡洗 10 分鐘後則乳酸濃度降低 7 ～ 8 公克，繼續泡洗 30 ～ 60 分鐘後，血液中的乳酸就基

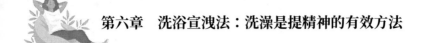

本恢復到疲勞前的水準。因此，勞累後在熱水中洗澡是可以發揮解乏效果的。

日本科學家透過測量腦波等手段證實，睡前洗澡還能夠大大提高人的睡眠品質。研究結果顯示，在不洗澡便睡覺的情況下，入睡時間為 1.5 小時，洗澡後僅用 20 ～ 30 分鐘便進入夢鄉，而且 50%～ 60%表現深度睡眠的「慢波睡眠」；在不洗澡便睡覺的情況下，這一比例低於 40%。由此證明，睡前洗澡不僅令人睡得快，而且睡得也香。

不管是誰，堅持經常洗浴是一個不能忽視的健身方法。特別是對於那些每天辛勤工作但缺乏鍛鍊的處於亞健康狀態的人，洗澡是緩解疲勞、促進新陳代謝的較佳選擇。

當然，洗澡雖然優點很多，但也須講究一定的方法：

● 用皂要合適

在日常生活中，我們使用的肥皂有硬皂、軟皂、過脂皂、藥皂 4 種。其中，硬皂含鹼多，像洗衣皂；軟皂含鹼量在 25％以下，像各種香皂；過脂皂不含鹼；藥皂有保健作用。這 4 種肥皂功效各不同，適應的物件也不同。硬皂適用於油膩型皮膚的人；軟皂、過脂皂適用於乾燥型皮膚及嬰兒；藥皂具有消毒、抑菌作用，對皮膚病患者有一定療效。

● 洗澡時不宜使勁搓

在我們人體表面有一層覆蓋全身的死皮膚，它對於皮膚屏障功能的完整起較重要的作用，是保護我們健康的一道防線。這些死皮膚的更換速度因身體部位不同而不同，更換得最快的是肘部，需要 10 天，上臂內側的更換時間則需要 100 天。洗澡時使勁搓，就會破壞這層死皮膚，而新的皮膚又沒產生出來，這樣就使得病菌和輻射線「有機可乘」了。在洗澡時用力揉搓皮膚，還可導致皮膚變黑，表現為淡褐色到暗褐色的色素沉著，呈彌漫網狀，鎖骨、肋骨、肩胛、肘、膝部等骨骼隆起處易引發。所以洗澡的時候不要過度用力，搓澡時間不要過長，應輕柔一點，多洗幾次。

● 天寒洗澡先洗腳

冬季的低溫使人體皮膚的血管處於收縮狀態，而冬天用的洗澡水溫度又往往比夏天高，溫熱的水突然從頭而至，會讓頭部及全身皮膚血管驟然擴張，同時出現頭暈、胸悶等種種不適症狀，也可能因心臟急劇缺血引發心血管痙攣、心絞痛，嚴重者甚至誘發急性心肌梗塞，高血壓患者的血壓還會因此驟然下降，出現頭暈、心慌等不適症狀，甚至昏厥，所以冬季洗澡最好先洗腳，讓腳部先適應水溫，再慢慢往身上沖水，開始洗澡。

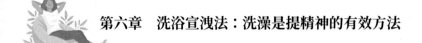

此外，洗浴的時間也不是越長越好。對於大多數人來說，時間一般為 10 ～ 15 分鐘，最長不超過 20 分鐘，每天最好不要超過 2 次，入浴時間過長、次數過頻對消除疲勞的作用會適得其反。

易怒者最好去洗洗淋浴

> 淋浴能產生一種安神的活性分子，心情不快時，不妨洗洗淋浴，過後定會一身輕鬆。

淋浴對調節人的心情確實很有效。當水從頭到腳直沖而下時，不快的心情一下子就放鬆了，那叫一個痛快！隨著「嘩嘩」的水聲，去想像過去的已經過去，要輕裝上陣，迎接另一個開始；也可以想像，壞心情已順水流走了，剩下的是我們的樂觀積極。

浴室裡的噴頭是一個良好的陰離子發生器。當噴頭噴射出一絲絲的細水流時，空氣中便產生了大量的活性分子 —— 陰離子。陰離子對人體具有很大的益處，它不僅能清心安神，而且還能防病治病，提高人體免疫力。人吸進豐富的含陰離子空氣後，能迅速消除疲勞，還能刺激皮膚再生，使創傷加以癒合，促進新陳代謝，利於機體的生長發育。經常淋浴還具有鎮靜、鎮痛、鎮咳、止痙、制汗、利尿的作用，對

肺氣腫、冠心病、高血壓和神經衰弱等症有一定療效。

雖然自然界中每時每刻都存在著陰離子，但由於環境汙染嚴重，陰離子的「壽命」極短。因而，如果我們能在飯後洗一個淋浴，享受一下豐富的陰離子所帶來的好處，將是一件難得的好事。

中醫學認為，人體內不同的「氣」維持了器官的運作並調節了它們的功能，如果「氣」流通不暢，就會影響人體功能。《李師傅沐浴療法》中認為，要通氣脈就要有一把可調節出水模式的高品質手持蓮蓬頭，這是淋浴養生的關鍵。每天在淋浴過程中利用 5 分鐘時間，用蓮蓬頭調節出不同的水流刺激身體的穴位及內臟器官，可發揮通脈氣、緩病痛的功效。

專家認為，先熱後冷的淋浴按摩可以幫助促進血液循環，但必須在洗乾淨身體後才能進行。進行時先將水溫適當調高一點，同時加強水流強度，使用按摩式水流做一次全身按摩，並集中在肌肉緊張的部位或酸痛的韌帶處，當全身已用熱水按摩預熱後，就可以嘗試冷水按摩了。要注意的是，冷水按摩時不要馬上就將全身置於冷水流下，應先從臉部、腳或手這幾個部位開始，然後再慢慢引向胸部。

我們在淋浴時應講究一定的順序 —— 先洗臉，再洗澡，後洗頭。當我們將熱水一開，就會產生騰騰蒸氣，而人體的

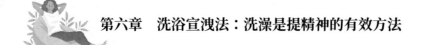

毛孔遇熱會擴張，如果此時我們沒有先將臉洗乾淨，臉上的髒東西，便會趁我們毛孔大門開啟之時，潛入我們的毛孔。久而久之，毛孔便會被這些髒東西擠得越來越大，我們臉上的痘痘也會越來越多。結束前兩項後，我們開始洗頭。此時頭髮會在蒸氣的氤氳中得以滋潤，洗頭的最佳時刻即已來臨。

　　最後，我們還要注意的是，熱水淋浴不宜過久。科學研究發現，自來水含有對人體有害的化學物質三氯甲烷和三氯乙烯。據收集到的資料顯示，若用熱水盆浴，只有 25 %的三氯甲烷和 40%的三氯乙烯釋放到空氣中；而用熱水沐浴，釋放到空氣中的三氯甲烷就要達到 50 %，三氯乙烯高達 80 %。淋浴時間越長，水溫越高，彌散蒸汽中的有毒物質就越多，被人體吸收的也越多。長時間用熱水淋浴，比起直接飲用含有毒物質的水具有更大的危害性。淋浴時間過長，還可造成人體的皮膚、肌肉過度鬆弛，引起疲勞、乏力等症狀，影響正常的工作、休息等。假如通風換氣不好，沖淋浴的時間又過長，可能造成缺氧等現象，也可能對身體虛弱或者有疾病的朋友帶來危害。

　　凡事都應拿捏好一個分寸，洗浴的時間不要太長，將全身沖洗一遍也就可以了。

心理疲勞者要泡熱水澡

> 泡熱水澡是心理疲勞者最好的放鬆方式之一。人在忙碌
> 一天之後，泡個熱水澡可以解除一天的疲勞，使身體倍
> 感舒爽和自在，提高睡眠品質。

洗熱水澡是最省錢、最見效的緩解心理疲勞的方法之一。清晨起來泡一次熱水澡，提神健腦、渾身舒服；睡前泡一次熱水澡，可解除一天的疲勞，提高睡眠品質。而且，經常泡熱水澡，還可增強血液循環的速度，加快機體的新陳代謝，使機體倍感舒爽和自在。

人的心、肺及腸胃等器官，是由交感神經與副交感神經兩系統所控制。當交感神經緊張時，內臟各器官會充分發揮作用；當副交感神經緊張時，各器官則進行休息狀態。而熱水會刺激副交感神經，造成副交感神經的活動，所以悠哉地浸泡在微熱的水中時，身心均能獲得休息。

洗熱水澡有利於睡眠。洗熱水澡，特別是泡在熱水中，可以使周圍血管擴張，全身大部分血液便會流入這些擴張的血管中，腦部和內臟器官中的血液相對減少，大腦就會感到疲倦，表現為呵欠連連、困倦，因而有利於睡眠。

透過微熱對血管的擴張作用，還可以促進血液循環，增加血液對內臟及肌肉的氧和營養的供給和補充量，這樣能促

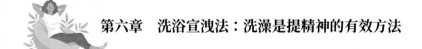

進腎臟及腦產生的代謝廢物的排泄，解除疲勞。

　　泡熱水澡時，一般最舒適的入浴水溫為 42℃，但用不同的溫度泡澡，會給人帶來不同的入浴效果：40℃～ 42℃的高溫浴對體虛、胃酸過多、低血鈉等有顯著功效。35℃～ 40℃的微熱浴可緩解精神緊張、高血壓、肩酸、腰疼等不適症狀，能夠有效清潔身體，消除疲勞。30 ～ 35℃的低溫浴最適合夏天泡澡，就像在海中徜徉，清涼爽快。

　　熱水澡往往可致機體過熱，體溫上升，血壓升高，排汗增多，呼吸加快而增加心血管負擔。所以，一般說來開始出汗後可走出浴池休息 2 分鐘，等汗乾後再進浴池洗上 4 分鐘左右，然後出來休息 2 分鐘。這樣來回反覆洗 3 遍。

　　如果想在浴池燙澡或泡澡，最好先在溫池洗浴，然後再過渡到熱池。入水要緩慢，先從下肢開始，循序漸進，不可一下子把身體全都泡到熱水中。

　　如果我們上班的時候已經出現了明顯的心理疲憊、注意力不集中等症狀，下班後最好泡個熱水澡，放鬆身心後好好睡一覺，第二天早上起來，狀態一定會恢復得很好。

冷水浴讓人變得更自信

洗冷水澡好處多多，從心理上來講，可磨練意志，增強自信。從生理上來講，可塑造體型，增強血管彈性，預防感冒、風溼、哮喘，治療神經衰弱等。

冷水浴是利用低於體表溫度的冷水對身體的刺激，以增強身體的新陳代謝和免疫功能。俗話說：「要想身體好，每天冷水澡。」很多人洗過冷水澡之後都覺得神清氣爽，充滿自信，甚至一年四季堅持洗。冷水浴被譽為是勇敢者的運動，對磨練意志、強體健身、預防疾病、抗衰防老都有積極良好的作用。

冷水浴雖好，但需要持之以恆的堅持，最忌諱一暴十寒。尤其在寒冬堅持每天一次冷水浴，不僅要與寒冷作鬥爭，而且還要與自己的懶惰作鬥爭，這正是磨練敢於吃苦、戰勝自我、不怕寒冷的意志精神的極好機會，有利於陶冶高尚情操，增強意志和自信，保持健康良好的心理狀態。

冷水浴是一種強烈的良性刺激，能提高中樞神經系統的興奮性，冷水的刺激可促使大腦加速分泌化學物質「腦內啡」，尤其是早上進行冷水浴，這種物質分泌最多。「腦內啡」具有興奮提神的作用，可迅速清除清晨睡眠的抑制狀態，使人精神振奮。同時，冷水浴時冷水對身體的衝擊會產

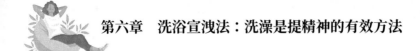

生大量陰離子，使人吸入大量的陰離子，而陰離子可調節情緒，使人精神愉快，心情舒暢。

洗冷水浴時，由於冷水的刺激，會使皮膚表皮迅速收縮，血液流向內臟，但兩三分鐘後，當身體適應了這種溫度，血液會重新分配，回流到皮膚表皮。整個過程就像給血管做「體操」一樣，會增強血管彈性，預防高血壓和動脈硬化。

人體經常受冷水刺激，肌肉緊張收縮，迅速做出抵禦反應，從而增強人體對溫度變化的適應能力，增強機體免疫功能，不易患因著涼而起的病，如感冒、支氣管炎、扁桃體炎、肺炎及過敏性鼻炎等。冷水浴還能加強皮膚及皮下組織的營養供給，使皮脂分泌增加、膚色紅潤、光澤而有彈性，不易患皮膚病。

雖然洗冷水澡的好處很多，但由於其特殊性，必須遵循科學性，才能收到「鍛鍊時間短、收益大」的效果。因此，在進行冷浴鍛鍊時應注意遵循以下幾點：

冷水浴鍛鍊必須採取循序漸進的方法：每次洗冷水澡前先做做「熱身」運動，比如說，用手揉搓皮膚數分鐘，感覺發紅、發熱為止；洗澡時，可先淋溼手腳，再用冷水拍打胸前背後及摩擦全身，然後才淋遍全身，沖淋時還要不停搓擦全身；洗冷水浴的時間也不宜過久，10 ～ 15 分鐘左右即可，

最長別超過半小時；浴後應及時將身體擦乾，並擦至皮膚微紅發熱即可，同時還可適當做伏地挺身、深蹲起等活動，可使身體感到溫暖舒適。

冷水浴也並非人人皆宜，以下人群在洗冷水澡時就應該「慢」著點：

1. 高血壓病人洗冷水澡，會使血管急劇收縮，大量血液湧回內臟，使本來就高的血壓更升高，嚴重者可使腦血管破裂、出血、中風、昏迷甚至死亡。

2. 風溼病、坐骨神經痛患者受冷水刺激會加重局部疼痛，也不宜洗冷水澡。

3. 對冷過敏的人如寒冷性蕁麻疹、皮膚瘙癢症患者，在疾病發作期間不要洗冷水澡。不發作時想鍛鍊皮膚，可行逐步降溫法，即最初洗熱水澡，漸改為溫水澡，再步步降低水溫，直到水溫已相當低但又不發病為止。

4. 心臟病患者洗冷水澡，會加重心臟負擔，誘發心絞痛、急性心肌梗塞甚至猝死。

5. 嬰幼兒及 60 歲以上的老人最好不要洗，女性在經期、孕期不要洗。

6. 因長期持續加班或生病而導致免疫力較差的人也最好不要洗，因為容易使細菌和病毒乘虛而入，引起感冒、咽喉炎等疾病。

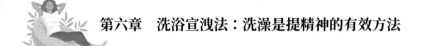

緩解壓力試試桑拿浴

蒸桑拿浴時，人處於溼熱空氣的蒸騰中，外至肌膚，內及臟腑，都得到濡養，可發揮調和營衛、活血通絡、緩解壓力、鎮靜養神的效果。

現代人由於生活節奏快、壓力大、精神高度緊張，生活環境汙染嚴重，加上自身對保養的忽視，對保健力不從心，甚至無暇顧及。很多看似健康的人都常感受到焦躁不安、失眠、頭痛、沒有幹勁、沒有耐性，腰背酸痛、疲倦、食慾不振、胃疼、便祕、各種斑顯、皮膚老化乾澀、肥胖、頭髮乾黃等，這都是身心亞健康的表現。

面對我們無法逃避的生存環境和生活節奏，現代人最迫切需要的是減輕壓力，而桑拿浴是現代人休閒時的一種選擇，它可以有效消除疲勞，緩解壓力。

桑拿浴又稱芬蘭浴，也被稱之為蒸氣浴。桑拿浴是在一間密閉的小木屋裡，被熱氣騰騰的蒸汽包圍，人被焗蒸得大汗淋漓。桑拿浴的溫度一般是 45℃～ 50℃，在熱蒸汽裡薰蒸 7 ～ 8 分鐘，再出去用涼水淋浴 2 ～ 3 分鐘，這樣反覆 2 ～ 3 次，總時間控制在 20 分鐘左右。

桑拿浴時，在熱氣及冷水的交替刺激下，人體的血液循環及新陳代謝都會加快。由於蒸汽溫度較高，人體大量排

汗、脈搏加速、血壓下降，緊張的肌肉變得鬆弛，此時會覺得全身放鬆，解除了一天勞動後的緊張疲勞，大多數人在桑拿浴後感到精神愉快，情緒輕鬆，全身舒暢。

洗桑拿所消耗的熱能約為每 15 分鐘 95 大卡，相當於 15 分鐘的慢跑或者 10 分鐘的田徑運動。而區別於慢跑和田徑運動，桑拿更像是傳統氣功，講究的是人體內循環系統的鍛鍊，依靠加速自身血液循環和新陳代謝，改善人體內部系統的組織功能，更能加快腦部血液循環速度，增加腦部血液流量和供氧量，從而改善腦部營養狀態，保證智力活動處於最佳狀態。

由於受冷熱的刺激，皮膚及皮下組織血液循環加強，營養改善，臉上皮膚的汗垢、黑斑容易消除、皺紋減少，皮膚變得紅潤細膩、潔白光滑，故桑拿浴又有良好的美容作用，汗液排泄也有助於體內廢物的排除，使脂肪的消耗增加，從而達到減肥的目的，對單純性肥胖伴有輕度水腫的人尤為適宜。

桑拿浴雖有潔身、紓壓、保健、健美及美容多方面的良好作用，但並不是人人都適合洗桑拿浴，如果身體條件不允許，或者時間掌握的不好，或者採用的方式不正確，甚至還會出現意外的傷害。曾有一位患有高血壓病的老先生，在桑拿浴室內待了 50 多分鐘，站起身向外走時，突然感到天旋地

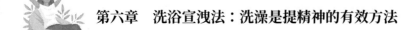

轉，身子一軟，一下子摔倒在地，左腿骨折。這樣的教訓我們不可不防。

根據國外的一家專門從事桑拿醫療保健研究的機構證實，通常情況下以下人員最好不宜洗桑拿浴。

■ **心腦血管疾病者**：由於桑拿房空間小、溼度大、流通差、空氣含氧量較低，在這樣的高溫環境下，人體的新陳代謝會顯著加快，皮下血管也會隨之擴張，皮膚血流量比平時增加 3～5 倍，回到心臟的血流量也顯著增多，這樣勢必會加重心臟的負擔，從而引起人體內環境紊亂，交感神經興奮，心率加快，而最終發生意外。

■ **癲癇患者**：由於癲癇患者發病通常與大腦缺氧或體內某些運行機制紊亂有關，而在洗桑拿浴時，由於大量的熱水蒸氣被吸入體內，使得體內含氧量下降，加上體內排出的汗液急劇增多，電解質的平衡被打亂，會造成體內有規律的運行機制發生變化，引發癲癇患者發病。

■ **孕婦**：有的孕婦抵抗力比較差，在洗桑拿浴，由於大量排汗，體內微循環的速度加快，心臟負擔加重，腦部會出現供血不足，這就容易發生昏厥現象，嚴重時還會發生流產。有研究稱，超過 50℃的高溫會加大懷孕 3 個月的孕婦流產幾率，腹中胎兒的聽覺也有可能受到一定的損傷，懷孕 7 個月的孕婦容易早產。

- **老年人**：老年人血液黏稠度增高，血管中容易形成斑塊。洗桑拿浴會使血管受到較強衝擊，血管中的斑塊易因此破裂，形成血栓，從而引發心肌梗塞。
- **未育男性**：男子睪丸的溫度一般要比人體溫度低 3℃～4℃，這樣才能產出正常的精子。精子對溫度的要求比較嚴格，必須在低於體溫的條件下才能正常發育，而桑拿浴的溫度卻要比體溫高出許多，不利於精子生長，或造成精子活力下降過多，從而導致不育。臨床統計，男子不育症中有相當一部分人是由於睪丸溫度高於正常溫度所致。

為了確保洗桑拿浴安全可靠，還要遵循以下幾個方面的問題：

- 不要空腹進入桑拿浴室，以防發生虛脫，出現低血糖而昏厥，飽餐後半小時內也不應立即洗桑拿，因為皮膚血管擴張，血液大量回流，影響消化器官的血液供應，會妨礙食物的消化吸收。
- 在洗桑拿浴的前後適量地飲用淡鹽水，以補充體內消耗的水分與鹽分。
- 在桑拿浴室裡，待的時間不要過長，以不超過 10 分鐘為宜，而初次入浴時，以停留 5 分鐘為宜。
- 站起身時的動作一定要緩慢、平穩，千萬不能起身過猛。

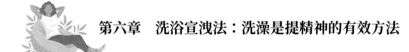

- 洗桑拿浴時心跳如果超過每分鐘 120 次，應立即停止。
- 洗完桑拿後，不要馬上用冷水沖洗，以防受涼感冒。
- 洗桑拿浴時一定注意要衛生，防止交叉感染，特別是要預防性病、愛滋病的傳染。洗桑拿時，不管多麼乾淨，也千萬不要坐在地上。

海水浴可安撫神經

人體與海水接觸時，身體表面會產生負離子。這些負離子有鎮靜、止痛的作用，因此在繁重的體力勞動和緊張的腦力勞動後，洗一個海水浴，能有效地消除疲勞、減輕工作壓力、增強耐力，並提高身體免疫力。

海水浴是指在自然海水裡洗澡。海水是一種富含各種化學成分的礦水，其中含有大量無機鹽類、有機化合物、溶解氣體和多種微量元素。浴後溫暖感很強，並能刺激皮膚，使皮膚血管擴張，增進體表血液循環，加速汗腺和皮脂腺的分泌，增加胃腸蠕動，同時還能安撫神經系統並使內臟工作正常。

由於海水有浮力和靜水壓力，因此，海水被稱為天然按摩師。經過海水的「按摩」，人的身體表面會產生負離子，這些負離子有鎮靜、止痛的作用，同時還能促進血液循環，

消除疲勞，發揮降壓作用。我們在享受海水浴時，如果躺在波浪能夠沖到的岸邊，海浪經過時，就會輕輕按摩身體，刺激皮膚上的生物活性點，既有美容健身作用，還能安撫神經並使內臟工作正常。因此，我們在繁重的體力勞動和緊張的腦力勞動後，洗一個海水浴，能有效地消除疲勞，減輕工作壓力，增強耐力，提高身體免疫力。

據科學家研究發現，海水的成分與人體血清和淋巴液十分相近。海水中含有碘、鉀、鈣、鎂、硫等元素和礦物催化劑，能夠改善體內的新陳代謝，協調內分泌器官的活動，還含有大量生物刺激劑，可以健體並且活躍內分泌腺的活動。海水中的物質以結晶體的狀態滲入皮膚，能使皮膚變得有彈性和光滑，有益於防治皮膚病。實驗顯示，海水浴對過敏性皮炎、日光皮炎、神經性皮炎、牛皮癬、溼疹、痱子等皮膚病都有一定的療效。

海水形成的壓力還可促使人體增強呼吸功能，進而提高紅細胞的攝氧能力，哮喘病人如果在夏天進行海水浴鍛鍊，可以興奮交感神經系統，改善體溫調節功能，有利於病情的康復。一些慢性鼻炎、咽喉炎患者，透過洗海水浴，也可使病症得到改善。

此外，人在海水浴的同時，又接受了日光浴、空氣浴，有些人還兼作沙浴，所以海水浴實際上對人體是一種綜合作

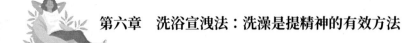

用。海濱空氣中負離子濃度高、含量大，大大超過世界衛生組織規定的清潔空氣負離子的標準濃度。凡在海濱休息，接受海洋氣候和海洋景觀，就能使人的收縮壓下降 1 ～ 2kPa，並能使微循環改善。由於海水浴的綜合作用，往往在較短的時間內，便能獲得消除疲勞、增強體質、防治疾病、促進康復的明顯效果。

海濱較強的紫外線對治療皮膚病、靜脈炎、淋巴結炎、慢性胃炎、骨軟化症、外傷性疾病、神經性皮炎、結核性淋巴結炎、軟組織創傷及潰瘍、慢性風溼性關節炎，以及某些婦科病等均有一定療效，有以上疾病的人適宜進行海水浴。而患有腎病、胃潰瘍、高血壓、心力衰竭、動脈硬化、植物神經功能不穩定、甲狀腺功能亢進、活動性肺結核、嚴重肝功能損害等患者，以及患有白血病、惡性貧血病人，一般不宜進行海水浴。

洗海水浴還要注意以下幾點：

- **要選擇適合的浴場和天氣**：海水浴場的海灘應選擇較為平坦的，並配有救護人員和救護設施。海水溫度應達20℃以上，風速在 4 公尺 / 秒以下，當日的氣溫又高於水溫 2℃以上。有風暴的天氣不要到海水中游泳，因為此時空氣中正電子的數量大量增加，易引起人體關節疼痛、頭痛發脹等。

- **要做好浴前準備**：空腹或飽腹時，一般不要進行海水浴，餐後1小時後再入浴為佳。如果皮膚多汗，應拭乾後再入浴。入浴時，應先在淺水中用手舀水沖洗頭部、頸部、胸部和腹部，然後再到深水處進行全身浴或游泳。

- **要控制好海水浴的時間**：一般認為每年的 7 至 9 月份是進行海水浴最理想的季節，每天入浴時間以上午 9 點至 11 點和下午 3 點至 5 點較為適宜。每次洗浴時間不要過長，30 ～ 60 分鐘即可。海水浴期間，可間歇到海灘做日光浴或海沙浴，但要避免時間過長，以免皮膚被晒傷。海水浴後，應選擇到空氣流通的地方躺臥 15 ～ 30 分鐘，既可進行空氣浴，又可稍作休息。

當然，受地理條件的限制，很多人無法享受到自然的海水浴，即使是海濱地區，受氣候條件限制，冬季也不宜進行海水浴，其實我們在家裡也可以進行人工海水浴，這樣的保健效果並不比自然海水浴遜色多少。

家庭海水浴的實施方法很簡單：到藥局買一些特製的海鹽，放一缸水 200 公升並放入 1.5 公斤左右的海鹽為標準。有一點要注意的是，我們要先把海鹽放到預先縫製的布袋裡，這樣，鹽在浴缸裡溶化後，雜質仍留在袋中。家庭海水浴最好能結合冷水浴鍛鍊，從夏秋季開始，如果始於冬春季，水溫以 36℃左右為宜，每次時間控制在 15 分鐘以內。

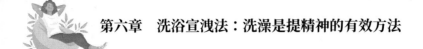

SPA 讓人充滿活力

> SPA 主要透過人體的五大感官功能，即聽覺（療效音樂）、味覺（花草茶、健康飲食）、觸覺（按摩、接觸）、嗅覺（天然芳香精油）、視覺（自然或仿自然景觀、人文環境）等達到全方位的放鬆，將精、氣、神三者合一，實現身、心、靈的放鬆。

　　SPA 一詞源於拉丁文「Solus Por Aqua」的字首，Solus ＝健康，Por ＝經由，Aqua ＝水，意指用水來達到健康。方法是充分運用水的物理特性、溫度及衝擊，來達到保養、健身的效果。

　　SPA 的美妙氣息蔓延了幾百年，希臘的文獻舊時就有記載，在水中加上礦物及香薰、草藥、鮮花，可以預防疾病及延緩衰老。現代 SPA 主要透過人體的五大感官功能，即聽覺（療效音樂）、味覺（花草茶、健康飲食）、觸覺（按摩、接觸）、嗅覺（天然芳香精油）、視覺（自然或仿自然景觀、人文環境）等達到全方位的放鬆，將精、氣、神三者合一，實現身、心、靈的放鬆。

　　SPA 包含了臉部護理、音樂按摩、芳香療法、淋巴排毒、水療、泥療、海洋療法、瑜伽、五感療法等內容，以養生、美容、健身、舒心為主旨，利用水、顏色、聲音、光線、植物芳

香精油、死海礦物泥，甚至熱乎乎的石頭作美療工具。

在 SPA 天地裡，我們可美化容顏、健美體形、修心養生，感受花草雨露的滋潤和美療師溫柔手法的呵護，難怪眾多都市名媛、白領麗人、風流雅士為之著迷，並成為他們展現其生活品味的方式。

SPA 主要是透過環境營造出一種輕鬆愉快的氣氛，讓置身於其中的人能夠徹底地放鬆身心：在輕音妙曼、芳香有嫋嫋的雅致空間裡，享受水滴、花瓣、綠葉、泥土的親撫，吸吮自然森林原野的植物所散發出的清新氣息，一切是如此溫馨寧靜，如天空飛翔的鳥兒、水中暢遊的魚兒般自由自在，煩憂盡忘。讓我們由內至外充滿活力、神采飛揚！

要想真正讓自己徹底放鬆，還要學會如何享受 SPA：

- **心靈暖身**：在做 SPA 之前，先花個 10 ～ 20 分鐘，保持靜坐，讓紛擾的身心慢慢沉澱，感覺自己，並告訴自己，今天你要好好善待自己。

- **對症下藥**：在做 SPA 之前，不要急於更衣沐浴。花幾分鐘時間，做一份調查，根據調查報告的分析，了解自己的體質狀況、性情心態，然後從自身出發，根據自己的現實狀態，選擇適合自己的 SPA。

- **細心體會**：進到 SPA 後，用心注意周圍的陳設布置，是否會令你感到愉悅？有沒有精油薰香氣息？欣賞每一個

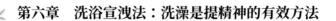

角落的精心設計，包括窗外葉縫透進來的陽光、美麗的盆花、聆聽自然的聲音或療效音樂、流水聲。對周圍環境的觀察，可以簡化我們的思緒。

- **放鬆心情**：我們可以將 SPA 當作是享受一段浪漫愜意的旅行假期，讀一本雋永清新的書或聽一首安詳沉靜的音樂，而享受這一切的前提是，一定要保持心靜，要放下一切，讓過去生活中所有的煩惱、悔恨、不安及鬱悶都消散一空，感覺只有當下。

- **放鬆身體**：在 SPA 進行中，緩慢地做深呼吸，讓空氣深深吸入腹部，再慢慢吐出，隨著呼吸吐納，一步步放鬆身體的每一部分。

- **調動五官**：享受 SPA 時，需要充分調動五官，透過人體的五大感觀功能：視覺、嗅覺、聽覺、味覺、觸覺的感知來達到一種身、心、靈皆舒暢的感覺。

- **沉澱心靈**：在 SPA 結束後，再花一些時間靜靜獨處，啜飲花草茶，坐在自然環境中，靠近水邊或陽光下，或是在室內溫馨舒適的一角，感覺身體的氣血正在迅速循環，肌膚柔嫩的觸感，體內的廢物毒素被排出體外。

SPA 雖然能讓人充滿活力，放鬆身心，但也不是人人都適宜的。患有肺病、心臟病、高血壓、腦中風、腦缺氧、動脈硬化、血管疾病、腫瘤患者、急性傳染病、急性皮膚病、

急性關節炎、出血性疾病、自律神經失調、循環系統障礙、過敏性皮膚或皮膚黏膜過敏、傷口化膿或有開放性傷口、多發性硬化症及糖尿病等慢性病患，不宜浸泡。懷孕初期或後期的孕婦也不宜浸泡。

此外，進行 SPA 還應注意以下幾點：

1. 飯前 30 分鐘、飯後 1 小時內、酒後不可浸泡。
2. 疲勞過度或激烈運動後，最好稍事休息，待體力恢復後再浸泡，以免造成休克。
3. 浸泡前最好先以溫水淋浴手、腳、腿、腰等部位，使身體逐漸適應水溫，浸泡中如果出現頭暈、嘔吐、胸悶、呼吸困難、心跳加速，或頭痛、方向感不佳等不適狀況，應立即離開水池。
4. 浸泡時間不宜過長，每次最好不要超過 10 ～ 20 分鐘，以免血管過度擴張，增加心臟負荷，或避免皮表的常住益菌被過度消滅。

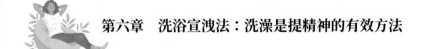

洗浴也有禁忌

> 洗澡也要講究科學，否則，不僅達不到應有的健身效果，反而會損害人的健康。

　　洗澡，不僅能夠宣洩壞情緒，促進好心情，還有健康身體的功效。當我們告別一天忙碌的活動後，如果盡情享受一下水的呼吸，確實是一件非常美妙的事情。但是，我們要知道的是，洗澡也要講究科學，否則，不僅達不到應有的健身效果，反而會損害人的健康。

　　下面我們就來講一下洗浴的幾點禁忌：

● 酒後不應馬上洗澡

　　瑞士預防酒精中毒研究所發表的一項報告中指出，人們在洗澡前飲用含有酒精的飲料有害於身體健康，嚴重者還會引起死亡，因為人在洗完澡後身體會感到疲乏，這是由於洗澡使人體的葡萄糖大量消耗，出汗時鉀、鈉離子丟失造成的。

　　與此同時，由於洗澡消耗體力而使血糖有不同程度的下降，原來肝臟中儲存的糖元就要不斷地轉化為葡萄糖補棄到血液中，使血糖不至於下降，而酒精能阻礙肝臟對葡萄糖儲存的恢復。因此，酒後洗澡會使肝臟來不及補充血液中消耗的葡萄糖，容易使人發生虛脫或休克，嚴重者甚至會死亡，

而且由於酒和熱水的刺激，導致血管擴張，大量血液從內臟轉移到體表及腦、心、腎等重要臟器，就會出現缺血缺氧，加上浴室中門窗緊閉，氧氣稀少，用力搓洗更會加重心肌耗氧量，因而最易誘發心絞痛和心肌梗塞。

● 運動後不宜馬上洗冷水澡

運動後馬上洗冷水澡，會損害到人的心臟。當人體運動之後，身體內的各器官都處於興奮狀態，此時皮膚上的毛孔也張開了，如果運動完後馬上進行冷水沖浴，勢必會引起局部的血液循環加快，從而對人體的心臟造成侵害。

運動後馬上洗冷水澡，還會引發頭痛。運動後頭部特別容易出汗，這時如果用冷水沖洗頭部，有可能引起顱內血管功能異常，造成頭暈、頭痛、眼前發黑，甚至可能出現嘔吐現象，嚴重的話，還可能會引起顱內出血。

當我們運動完後，可找個地方休息一下，待身體恢復到正常的狀態以後，再用毛巾醮點溫水在身上先擦一遍，等我們身上的汗水完全蒸發，不再氣喘吁吁以後，再洗個溫水澡。

● 性生活後不宜立即洗澡

性交是一項較為劇烈的運動。性交時，流向肌肉和性器官的血液明顯增多，心率加快。當性交結束後，這時血的流動和加快的心率雖然有所緩慢，但仍將維持一段較長的時

間，如果性交後立即去洗澡，必然會向皮膚和肌肉內增加血液的供應流量，從而引起其他重要器官的供血量的減少。假如減少了心臟和大腦的供血量，很可能會使人出現一過性低血壓和腦貧血症狀，尤其是對於患有冠心病、高血壓、貧血等心血管病者來說，性交後更應忌諱立即洗熱水澡。

● 飽餐後和飢餓時不應洗澡

　　飽餐後，消化系統在中樞神經的調節下，開始緊張地消化食物。各種消化腺分泌和消化器官所需的血液量相應增加，以促進食物的消化和被吸收，如果飽餐後立即洗澡，皮膚的血管會因水溫刺激而擴張，活動器官的血流量增加，這樣，就迫使消化器官的血流量相應減少，消化液也隨之減少，從而影響人體對食物的消化和吸收，有時還會出現噁心、嘔吐、上腹部不適、消化不良等症狀。

　　因此，飽餐後不宜立即洗澡，應該休息 1 小時後洗澡為宜；空腹時也不宜洗澡，否則易引起低血糖，發生休克。

● 臨睡前洗澡別洗頭

　　很多人習慣晚上洗澡時再清洗一下自己的頭髮，而且常常不等頭髮乾就上床睡覺，要知道，長期溼著頭髮睡覺對健康是非常有害的。一天當中人的陽氣在晚上最弱，人體抗禦病痛的能力降低。尤其在夏季，本來人體消耗的能量就大，

容易感到疲憊，抵禦疾病的能力較低，睡前如沒有擦乾水分，使之滯留於頭皮，就會使頭部的陽氣遇寒而凝結，長此下去還可能導致氣滯血淤或經絡阻閉。

如果洗完頭後馬上睡進有空調的房間裡，頭部又對著冷空氣吹，就更是寒溼交加，容易患病，甚至睡到半夜就會感到頭皮局部有麻木感，還伴隱隱的疼痛感，次日清晨更會頭痛難忍。久而久之，還可能引發一種稱為「頭皮下靜脈叢炎」的疾病，給健康帶來極大的隱患。

所以，我們在臨睡前洗澡時最好別洗頭，即使要洗，也要用毛巾儘量將頭髮擦乾或用吹風機吹乾後再上床休息，這樣不僅可以避免引起的頭部不適，還防止頭髮上的水弄到枕頭上，睡時感覺不舒服。

● 不宜洗澡的其他禁忌

人在發燒時也不應洗澡。因為當人的體溫達到 38℃時，身體的熱量消耗可增加 20％，身體比較虛弱，此時洗澡容易發生意外。血壓過低時也不應洗澡。因為在水溫過高時，人的血管擴張，低血壓的人易出現一時性腦供血不足，導致虛脫。

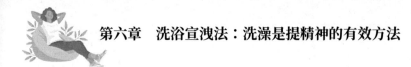

第七章
傾訴宣洩法：傾訴是壞情緒排出體外的通道

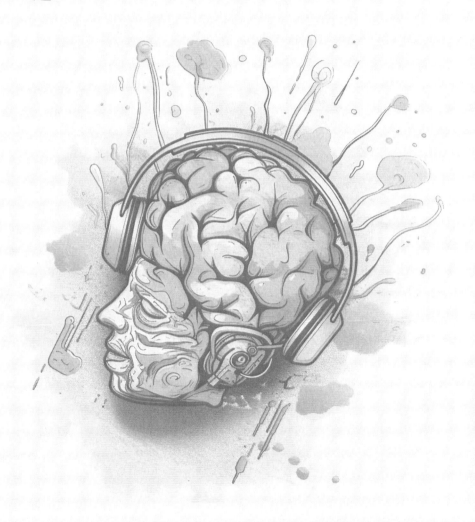

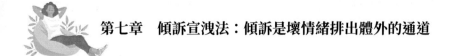

當我們出現不良情緒，或遇到不愉快的事情時，不要自己生悶氣，把不良心境壓抑在內心，而應當學會傾訴。傾訴是一種很好的宣洩方式，我們可以向家人、向朋友傾訴心聲，也可以躲進一個僻靜的角落放聲自言自語，或者借助寫作和上網的方式來傾訴心中的不快。很多人都會發現，心情特別憂鬱時，如果有個物件可以傾訴，心中的痛苦宣洩出來了，情緒就會平穩很多。

傾訴可以改變你的壞情緒

傾訴是一種主動的心理調節策略，屬於一種直接的感情發洩方法，可以向他人傾訴，也可以向自己傾訴，如寫作等，傾訴的過程就是幫助自己整理思路，疏泄情緒，釋放壓力的過程。

曾看過這樣一則笑話：

有一位老闆因為心中煩惱，訓斥了手下的一名經理；這個經理心中有氣，便訓斥了他的一名下屬；該下屬窩了一肚子火，回家後數落了妻子一頓；妻子受了委屈，便把氣全撒到了兒子身上，順手打了兒子一巴掌，並對兒子說：「你怎麼這麼煩人！」兒子無緣無故挨了一巴掌之後，氣憤地踢了小狗一腳；小狗疼得嗷嗷直叫，發瘋似的衝出門外咬了一個

人 ── 那個人正是那位經理的老闆。

我們從這個笑話可以看出，人和動物在遇到不順心的事情時都會本能地做出一些宣洩情緒的事情，以促進自身心理的平衡。當然，如果宣洩情緒的方法不當，就會產生不好的後果。

在現實生活中，我們經常會遇到不順心的事，如疾病的糾纏、追求的失落、情感的傷害、工作和生活節奏加快的壓力等等，而這些事情常常會導致憂鬱、惱怒、哀傷、愁怨之類的不良情緒，無情地啃噬我們的心，妨礙我們正常的學習、生活與工作。如果是一個心胸開闊，性格開朗的人，他會把心中的煩悶訴說出來，而使自己達到心理平衡；如果是一個心胸狹窄、性格內向的人，他就會生悶氣，不願與人溝通，久而久之便有可能引起心理疾病，嚴重時還會導致如高血壓、冠心病、消化性潰瘍、腫瘤、偏頭痛等身體疾病。

正像鯀治理洪水一樣，一味用堵塞的方法，結果只能使得洪水更加氾濫。要想減輕或消除各種不良情緒對自己的惡劣影響，就要像大禹治水一樣，採用正確的疏導方法，使得這些不良情緒從一種正當的管道宣洩出去，而傾訴，正是一種良好的消解不良情緒的方式。

小莫是一個正在讀高中的男孩，處於青春期的他驕傲而敏感。他的父親還沒有意識到自己的孩子已經是青少年了，小莫對父親的有些行為和做法很不滿意，有時還和父親對

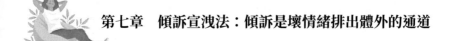

　　罵，但事情過後小莫的心裡非常不好受，後來小莫把煩惱告訴了自己的表姐，有些閱歷的表姐耐心地開導小莫，還教他把自己的心裡話寫下來，然後悄悄地交給父親。小莫這樣做了，當父親看完兒子的信以後，意識到了自己的欠缺，主動找小莫談心，父子倆的感情比從前更融洽了。

　　可見，傾訴是一種很好的宣洩方式。很多人都有過這樣的體驗，心情特別不好時，如果有個管道可以傾訴，心中的痛苦宣洩出來了，情緒就會平穩很多。

　　當我們內心充滿煩惱和憂鬱，出現不良情緒時，切不可憂傷壓抑，把心事深藏心底，而應該把這些煩惱向我們的親人、配偶和知心的人傾訴，以此來減輕憂傷。我們也可以躲進一個僻靜的角落放聲自言自語，或提筆寫幾首詩、幾篇日記，把煩惱甩到空氣裡，灑在紙上。

　　向人傾訴發洩，是把自己的煩惱、憤怒、痛苦等向別人訴說，聽聽別人的見解，透過交流以有效地釋放心理壓力。一般說來，人在受負性情緒干擾時，容易變得思維狹窄、固執、偏激，缺乏對行為後果的預見性，而透過適度發洩，情緒放鬆，則認知恢復正常。傾訴也會使人在心理上出現一系列的變化：首先是感覺到自己終於被人理解，內心有一種欣慰之感，進而使孤獨感得到消除，緊張情緒得到釋放，心理上會感到一種解脫，所以說一旦發現自己情緒有問題，及時

找管道尋求支持和幫助是非常重要的。

在生活中，女性似乎天生比男性更懂得傾訴。比如，當女性內心壓抑和苦悶時，她可能會找朋友或借助於其他管道進行傾訴，以求得理解和幫助，使情緒得以暫時緩解。男性則不同，他們有強烈的自尊心和男子氣，總是覺得自己要堅強，不願意去傾訴，而是借助暴飲暴食、過量酗酒和抽煙等不良習慣來緩解壓力與無助，他們沒有想到，這樣做不但會導致心理疾病，還會影響身體健康。心理學家研究認為，40 ～ 65 歲的男性，心血管疾病的罹患率較女性多出 3 倍，一方面除了與女性有荷爾蒙激素保護有關外，另一方面則與男性承受壓力較女性為高，平時又沒有好好地疏解出來有關。所以，男性朋友一定要學會疏解痛苦，當覺得承受了太大的壓力，應當找個管道進行傾訴，不要深藏在心裡。

當然，傾訴也要講究方式與方法，以適合的方式傾訴可以事半功倍，為了使傾訴取得良好的效果，需要對以下問題給予注意：

- **要選擇自己絕對信賴的人**：在很多情況下，那些長期折磨自己內心的問題，一般都是一些很私人化的甚至有些是難以啟齒的事。如果我們不希望這些事在第二天就成為人皆共知的新聞，那麼，我們所選擇的這個人一定要是一個能保守祕密的人。

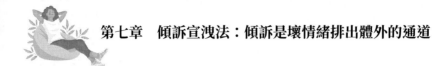
- **要選擇那些可能會對自己有所幫助的人**：傾訴的目的是使自己心中的壞情緒得到緩解或釋放，所以我們選擇的不僅僅是一個聽眾，還應該是一個能夠根據自己的閱歷和識見給我們提出很好的建議和意見的人，這樣我們才會有更多的收穫。

- **切忌喋喋不休**：有的人喜歡整天向別人傾訴自己的不愉快，一遍兩遍還能博得同情和勸慰。但時間久了，如此反覆傾訴難免讓人厭煩，「敬」而遠之。傾訴的主要目的是宣洩情緒，得到理解、支持和幫助，而整天在那「翻」一些陳年舊帳，日復一日，年復一年的喋喋不休必然會嚇跑那些被傾訴者。

傾訴是緩解不良情緒的有效手段，人生本已充滿艱辛，如果我們能注意自我調節，甩掉背負在精神上的負荷，那麼，在人生的路上我們會走得更輕鬆！

找家人傾訴

當我們煩惱痛苦時，要學會向家人傾訴，因為他們是最了解你的，家永遠是你心靈的港灣。在家人面前，我們永遠不必戴上那虛偽的面具，永遠不必掩飾自己的脆弱去強作笑顏、偽裝堅強，因為他們是最愛你的人，也是最懂你的人。

香港民主建港協進聯盟曾公布的一項調查發現，八成受訪者表示與家人有良好甚至親密的關係，六成半受訪者表示有家人可以與他傾訴心事，只有三成人在遇上問題時最想與家人傾訴。有研究顯示，82%的企業高管即便在家，也不願意將自己的壓力向家人傾訴，另有機構在 2,500 名中學生中進行抽樣調查時發現，僅有 1%的少年在遇到煩惱和苦悶時願意向家長傾訴。日本的一個調查也表明，15 ～ 19 歲的男孩有煩惱時，只 26%的人把苦惱告訴父親，37%的人告訴母親。

曾經看到過這樣一段對家的描述：家就是一輛汽車，可以開著它去很遠的地方。父母是輪換開車的司機，孩子就是乘客，當父母年邁之時，孩子就當上司機而父母則變成了乘客，開車時一定要倍加小心，千萬不能違反交通規則。遵紀守法的人家，像開車一樣不容易出現事故，車子需要經常加油，所以一個家就需要家庭中的每一個人用心投入。身為家庭的成員，不能只用油而不加油，因為油耗完了，車子就無法往前行了。家也許很小很小，僅僅幾十平方公尺，卻又有可能很大很大，因為她包含了家人之間無限的關懷和愛；家是我們跌跌撞撞成長的地方；家是一個溫暖的港灣，給予我們堅定的依靠；家是我們的思念，是我們的牽掛，是縈繞在我們的心頭永遠抹不去的情愫……

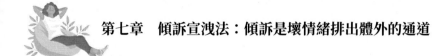

　　家，這樣一個溫暖的字眼，讀起來讓人倍感溫馨！當我們煩惱痛苦時，要學會向家人傾訴，唯有家人會以大無畏的心和你一起分擔，幫助你解決困難。在家人面前，我們永遠不必戴上那虛偽的面具，永遠不必掩飾自己的脆弱，去強作笑顏、偽裝堅強，因為他們是最愛你的人，也是最懂你的人，家永遠是你心靈的港灣。

　　家對每個人來說都是重要的，它是我們休憩和獲得力量的地方。家人之間的關懷和傾訴，就是我們獲得溫暖和力量的重要方式，家人之間的傾訴是外界所替代不了的，家人之間傾訴直接反映了家人之間的親密程度，所以，當我們出現不良情緒，或遇到不愉快的事情時，要學會向家人傾訴！

找朋友傾訴

> 當我們遇到不順心的事情時，不要獨自承受，應當多和信得過的知心朋友交流談心。我們可以在朋友面前傾訴病痛和委屈，也可以表達憤恨之情，以宣洩心中積壓的不良情緒。

　　周小姐是一家外企的公關經理，最近，公司給她聘來了兩名十分出色的手下。這兩位助手很受老闆賞識，年紀也比她輕，對周小姐產生了威脅，在無形當中給了她很大的壓

力，於是周小姐的工作效率和穩定性比以前降低了，對未來和前途失去了信心，情緒變得低落憂鬱，有時還感覺自己缺乏充沛的精力和熱情，感到自己越來越孤立無助。

這樣的境況持續了幾個月的時間，剛開始，周小姐以為是工作壓力大，過一陣子會好的，也不願意向朋友傾訴自己的苦惱，結果沒想到這種症狀卻越來越嚴重，甚至悲觀絕望。只到此時，她才想起自己應該馬上尋求醫生的幫助，經診斷，周小姐得了憂鬱性神經症。

當現代人尤其是白領們遇到心理問題時，最常用的排解方法依次是「悶在心裡」、「找朋友傾訴」和「盡情地玩」。很多人因為要面子，喜歡把苦悶埋在心裡，想靠自己的自我調節度過所謂的低潮期。當然，這種自我調節的方法有時可能會發揮一定的作用，但這必然會延長自己痛苦的時間。隨著時間的延長，心理的陰影很容易「順其自然」地發展成一生的痛苦，不但傷害自己，也會令周圍的人無法接受。

據美國一項官方研究成果報導：「一個人如果有朋友圈，就能長壽 20 年。」這足見朋友對一個人的生活有多麼重要的影響。哲學家培根說過：「如果你把憂愁向朋友傾訴，你將卸載一半憂愁。」生活和工作中難免會遇到令人不愉快和煩悶的事情，有時還可能造成有害於心理健康的長期壓抑情緒。如果有好朋友聽我們訴說苦悶，那麼壓抑的心境就可能得到

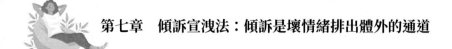

緩解或減輕，失去平衡的心理可以恢復正常，並且得到來自朋友的情感支持和理解，獲得新的思考，增強戰勝困難的信心。

現代社會生活中，類似的「小團體」絕不在少數，他們依託著它解脫心靈的重壓、排遣不良情緒。

人生旅途中，每個人的周圍總會有幾個志趣相投的知己朋友。當產生不良情緒，或遇上不愉快時，大家聚一聚、一盞清茶、一杯咖啡，奢侈點的來它兩杯淡酒，就事論事地傾訴一番，把自己積鬱的消極情緒傾訴出來。朋友或和你一起分析失敗原因，或一語點醒夢中的你，或鼓勵你再接再厲，總而言之，朋友會和你共患難。真誠的眼神、暖暖的話語、告別的時候，我們會驚喜地發現，我們已經不再鬱悶，心中的不快樂早已煙消雲散。培根曾說過：「只有對於朋友，你才可以盡情傾訴你的憂愁與歡樂、恐懼與希望、猜疑與歡慰。」

美國心理學家林蘭博士曾對 1,000 名研究對象進行過調查，結果發現所有的人都可以在與異性朋友的傾訴中，獲得解除內心憂鬱的功效。一名日本心理學家也曾對 5,700 多名 24 歲以上的女性進行過調查，結果發現，超過 50% 的女性喜歡跟他們的丈夫或者異性傾訴內心的痛苦和煩惱，藉以消除精神上的壓力、思想上的苦悶。她們的身體都比較健康，另

有 1/3 的女性，卻借助煙、酒或過量的安眠藥來解除壓力和不滿，結果她們都患有不同程度的神經衰弱、月經失調等生理疾病。所以，當我們心情不愉快的時候，最好的解決辦法是去尋找一位異性朋友，向他（她）傾吐心事。

對於男性來說，絕大多數女性是男性的最佳聆聽者，因為女性相對細膩、入微，比較善解人意，比較容易理解和體貼談話者的處境和苦楚，而男性在女性面前談吐似乎更坦率，更能暢所欲言。而對於女性來說，男性相對豁達、開朗，對他們的困難和感受，能顯示出更大的同情和更深切的理解，也是最出色的聽眾，但在同性之間，他們就不易獲得這種反應。一個擁有男性朋友的女性，往往會將自己的一切問題毫無保留地向他提出，以求得解決的辦法。

從生理學的角度看，男性和女性屬於異性相吸，這是因為人體內有一種比意志更能推動肉體的驅動力和本能的力量在起作用。因此，當我們心情不愉快時，找一位要好的異性朋友暢談，能夠產生高度集中、高度興奮的情緒，沖淡、排除煩惱、憂鬱、苦悶等意念，使心情輕鬆、氣氛和諧。

為了健康和長壽，在我們煩惱、憂鬱、痛苦時，不妨大膽找一位知心的朋友，尤其是異性朋友，坦誠相處，盡情地傾吐、宣洩，以擺脫困境，讓自己的精神振作起來。

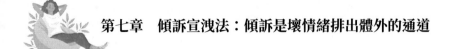

自言自語也是一種傾訴

同自己很好地交談可以有效發洩心中的不滿、鬱悶、憤怒及悲傷等不良情緒，有助於消除緊張，恢復心理平衡。

如果我們偶爾聽到一個人旁若無人地自言自語，恐怕會覺得非常可笑，並認為他不正常，不過到了該轉變一下觀念的時候了。有心理學家認為，自言自語不但不是一件可笑的事情，而且還是一種最健康的解決精神壓力的方法，是一種行之有效的精神放鬆術。在電影《重慶森林》中，裡面的梁朝偉自始至終地自言自語，給人們留下了獨特而深刻的印象。

細察生活，我們會發現很多人都有自言自語的「毛病」。面試時，我們也許會聽到「你最棒」之類的喃喃自語；臨考前，很多考生也會進行自我對話：「深呼吸，別緊張。」

自言自語的好處非常多。心理學家的研究總結出，自言自語能使人：

■ **調整思緒**：與自己大聲對話可以調整頭腦中紊亂的思緒，尤其是在緊張勞累時，我們會感覺大腦「不夠用了」，把想做的或者在頭腦中已經有些混亂的事情說出來，有助於讓自己理清思路，找到答案。因為語言回饋

給大腦之後，能刺激腦神經，促進思考。

- **保持鎮靜**：自己的聲音有一種使人鎮靜的作用，自言自語可以使自己保持安全和與人接觸交際的感受，從而能很快走出陰影，積極投入社會交往，此種現象類似於心理學上的「空椅子效應」，對於不擅長交際的人，尤其可以滿足與人溝通的心理需要。

- **消除負面情緒**：自言自語也是一種傾倒心理垃圾的好方法。焦慮、緊張、失意、鬱悶、憤怒等負面情緒，積壓於心頭，會侵蝕我們的熱情和快樂，而自言自語地發牢騷，相當於把這些壞情緒傾倒出來，有利於消除不良情緒，恢復心理平衡。

- **給予自我安慰**：自言自語可以發揮自我安慰的作用。就像一個嬰兒，在母親的喃喃細語中會安靜下來或者進入夢鄉一樣，熟悉的聲音對我們的心靈有著很強的慰藉作用。曾經有心理學家在治療憂鬱情緒的病人時，採用過一種方法，就是讓病人給自己寫一封信，然後自己用柔和的聲音讀出來並錄下來，每天睡覺前放給自己聽。心理學家發現，這樣的做法，讓很多人感覺很放鬆很有安全感。

- **改善睡眠**：冥思苦想和各種不良情緒可導致和加重睡眠障礙，自言自語可終止思慮，減輕消極情緒，從而達到改

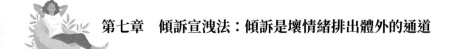

善睡眠的目的。同時，自言自語可以讓自己專注於一件事情，不至於由於碰撞的思維引起混亂，容易使人鎮靜。

喜歡自言自語的人一般包括那些壓力大和易緊張的人群，以競爭激烈的上班族和學生為主。其實，在筋疲力盡之時，我們每個人都可以對自己說一些鼓勵自己、振奮心靈的話，比如早上起來對著鏡子說聲：「早安！」；當你因遇到挫折而情緒低落時，可以對自己說：「別緊張，別著急，慢慢來！」，不管我們採用什麼樣的傾訴方式，只要傾訴出來就有效，把不良情緒積壓在內心是絕沒有好處的。

當然，「一吐為快」雖然能夠調節緊張和疲憊的身心，但凡事也需有限度，物極必反。短時期的自言自語是正常現象，如果總是沉浸在自己的世界中，長期缺乏社會交往，便會演變成精神焦慮和憂鬱，更有甚者會患上精神分裂症。所以，我們還是要建立積極的社會交往態度，只有生活在開放的社會群體中，才能保持和社會一致的正常心態。

寫作是一種好的傾訴方法

遇到挫折或心理壓力，不便或不能向人傾訴時，可以寫作，盡情地把憂心事傾瀉在紙上，寫完氣消，頓感暢快，又不傷害他人。

　　2008 年四川汶川大地震發生後，絕大部分當地學校中學生被集中安置在體育館中，為了疏導他們情緒，心理學家採用讓孩子寫日記的方式對他們進行心理撫慰性治療。心理學家說：「地震時的片段性回憶、現在想說的話、對親人的擔心等等，什麼都可以寫，我們希望這些孩子們能隨心所欲地書寫。」

　　顯然，寫作也是一種心理宣洩的方法，這是一種對於創傷性事件之後的物件進行早期干預較為有效的方式。人有了煩悶，需要宣洩，較好的宣洩方式是寫作。透過寫詩、寫信、寫日記等形式發洩自己的不滿，紀錄自己的心情，訴說自己的快樂和悲傷。這樣做有助於人的情緒的宣洩和釋放，並且幫助他們去承認和接受自己的情緒，而不是壓抑和回避。

　　有一位 62 歲的退休教師，1988 年就被醫生診斷患上了癌症。聽從醫生的建議，這位退休教師採用了書寫療法。她說，「被診斷為患上了癌症是令人痛苦的，但當我向詩人學習寫作後，好像心中的大壩潰堤了……寫作，是如此放鬆的一種方式。我曾失去了 8 歲的兒子，他也死於類似的癌症，這是第一次，我可以開始寫這件事情。」

　　這位退休教師在醫院中治療時表示，如果有人對寫作感興趣，她願意和他們一起練習，因為「將事情記下來有助於

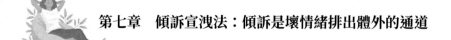

自我放鬆，將我從疼痛和恐懼中拉出來。我的癌症還沒有被治好，但是我把我的害怕寫出來，這樣我就能夠面對殘酷的事實。」這位老退休教師現在每天都淹沒在寫作當中。

的確，寫作療法是一種為像這位老退休教師一樣遭受到重大打擊的人提供了找回自信、恢復元氣的方法，讓他們能從容地對待生活中的不幸。寫作，因為具有宣洩和調整情緒的功效，一直被當作一種很好的紓壓方式，所以國外有很多的工作坊就是專門培訓那些需要紓壓的人如何寫作的。

1994 年英國布里斯托爾大學的一位醫師在《外科醫生》雜誌上發表了一篇文章，闡述了閱讀和書寫詩歌對健康的潛在好處。文章發表後，有很多人包括公眾和健康專家給他寫信，支持將詩歌用於健康護理，那些寫信的醫師、健康顧問、護士、心理學家們說，他們已經發現閱讀或書寫詩歌對克服焦慮、沮喪、傷後緊張有許多幫助。

寫作的過程就是一個自我傾訴情感、宣洩心中鬱悶的過程，它可以把積聚在心裡的苦怒憂思酣暢淋漓地宣洩出來，不必有任何顧忌。一頁紙是一個絕妙的框架，寫作可以為我們心靈最深處的想法及感覺提供一個安全的空間。在這片天地裡，我們可以記錄我們的所思、所想、所感，尤其是那些我們可能十分害怕或不太確定可以和別人分享的東西；其次，寫作也是一種非常安全的傾訴方法，不會造成對任何人

的傷害。另外，我們在寫作時，很多時候都是解剖自己，分析自己……人正確地分析、認識、評價自我，才能有效地更新、改造自我，成熟自我。

美國一位心理學博士曾進行過一項獨特的研究，他讓參與者連續一星期寫日記，記下自我情緒受影響的重要事情，結果發現這些人在寫過日記之後的兩個月內，去醫院的次數減少了一半，顯然，是寫日記增強了他們免疫系統的功能。這些人也說，他們把心事寫下來後，心裡馬上覺得舒服多了。在另一項研究中，這位心理學博士發現，接受調查的人在講出了心中的煩惱之後，他們的血壓就明顯降低了，因此，他相信常寫日記也有降低血壓的作用。他認為：養成寫日記的習慣，會讓我們擁有一個抵抗疾病的軍火庫，因為寫日記可以把壓力發洩掉，進而加強我們的免疫系統，改善健康。

如果我們決定開始寫作了，就應該找一個安靜的地方，每天寫上 20 分鐘。我們可以寫下「憤怒」的話，先想想那些和自己關係緊張和讓自己生氣的人，或讓自己煩惱的事，寫下自己想對他們所說的話，讓以前沒有顯露的感受傾瀉出來，然後把寫的東西放到一邊，隔一天後再重讀以「過濾」自己曾經表達的情感，這會給我們的負面情感一個安全的出口，分散自己的怒氣。當我們把煩惱寫下來之後，心情便會

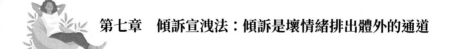

漸漸趨於平衡，壓力得以舒解，身心也就輕鬆了。

　　我們在寫作時也可以用第三人稱來寫，這樣除了一般的寫作所具有的宣洩和調節情緒功能之外，還同時兼有了主客觀的特點。主觀上還是自己獨特的感覺與經歷，客觀上又是以旁觀者「他」的角度，自然可以看得更清楚，這樣會使我們有機會將自身從問題情緒或壓力情景中分離出來，甚至讓我們與自身保持一定距離，而這段距離常常可以幫助我們找到解決問題的新方法。

　　寫作是心理長跑，是精神長跑，是一種既文明又新潮的宣洩方式，是一種最容易實行的、有益心理健康的鍛鍊方式。它可引導我們不斷地進行自我反思、自我認識、自我調適、自我提高，從而保證身心健康。

心情鬱悶上網發洩

> 網路是個虛擬的世界，也是一個釋放、宣洩、訴說的最好場所。這裡沒有面具，這裡不需要掩飾，想說什麼我們就可以說什麼，想怎麼說我們就可以怎麼說。

　　生活在如今這個快節奏、壓力大的 21 世紀，每一天都要面對各種複雜的人際關係和難以解決的問題，這些都容易使人產生心情鬱悶，帶來精神上的困惑，這時就需要向人傾

訴。但在生活中可以相互敞開心扉的人的確不多，有的人幾乎無法找到可以傾訴物件，就連夫妻之間很多痛苦和困惑也不便讓對方知曉，甚至不願訴說，可是鬱悶需要釋放，煩惱需要宣洩，痛苦需要訴說。怎麼辦呢？

在這一個聲色犬馬的張揚時代，網路應運而生，網路的虛擬架構起強大傾訴平臺，網路可以說就是一個釋放、宣洩、訴說的最好場所。在這裡，人與人之間可以大膽的袒露心底的祕密，在這裡誰也不會對誰心存芥蒂、心有餘悸，也不怕遭遇面對面地訴說和訴說之後的尷尬。如果我們正處在煩悶中，那麼不妨試試上網傾述，發洩一通，把壞心情通通拋掉。

青青是一家公司的員工，擁有許多素未謀面的網友，她無論有什麼煩惱事情從不忌諱向他們提及，而且，她每次總能或多或少地收集到一些客觀的意見，有時他們的觀點甚至是一針見血，然而青青說自己永遠不可能也不願意與這些網友見面，在她心中，他們是熟悉的陌生人。

與這些網友結識，緣於有一段時間她因為工作出了問題而心情低落，那時她特別想找人說話，可她不知道該找誰傾訴，也不願給朋友添麻煩，於是便百無聊賴地在網路聊天室上亂逛，有陌生人撞上槍口了就宣洩一番，反正大家誰也不認識誰，然而也是機緣，她竟在陌生網友中百裡挑一地找到

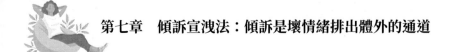

了一位的心理醫生，並很快在那位醫生的開導下，走出了憂鬱情緒。

　　每個人都有傾訴的欲望，可能因為陌生、因為虛幻、因為距離，越來越多的人選擇傾訴的物件不再是身邊的朋友，而是網路中不近不遠的朋友。偶爾心情不好的時候，或者不知道如何向身邊的人開口的時候，便習慣於與網上的好友傾訴。現實中，人有太多的面具，需要太多的掩飾，而網路是個虛擬的世界，這裡沒有面具，這裡不需要掩飾，想說什麼我們就可以說什麼，想怎麼說我們就可以怎麼說。

　　在網路裡，我們不喜歡的人盡可以不理；在網路裡，我們喜歡過的也可以隨時不再喜歡。我們沒有責任，不需要負任何責任，網路的魅力有很多，也許，這是網路聊天的最大的魅力。網路上的雙方，其實只是一個符號，語言的符號，遠隔天涯，互不相識，兩個符號之間，有什麼需要顧忌的呢？於是，多了幾分放鬆，也多了幾分隨便，甚至有時多了幾分赤裸。性對於很多人來說可能永遠是個很有吸引力的話題，在虛擬的網路世界裡，性，可能永遠是熱門的話題，這裡談性無罪，這裡談性，是一種永遠的放鬆。

　　網路聊天不獨是交流的方式，很多的時候它的功能是宣洩。人在生活中常常很累，經常有這樣那樣的悲苦與憂傷，要是沒地方傾訴，就上網發洩吧！

第八章
按摩宣洩法：按摩穴位是養心的最好捷徑

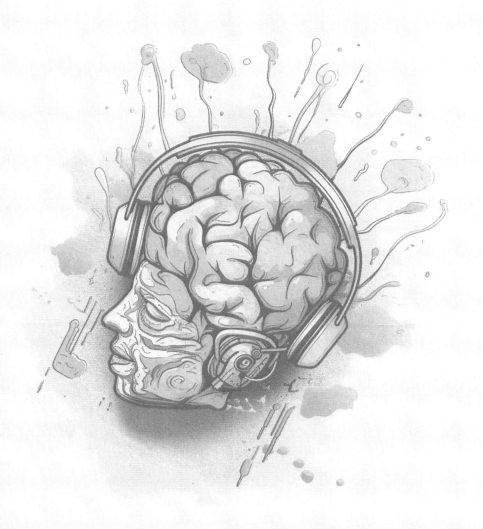

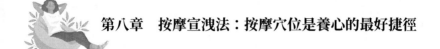

現代人講究生活品質和生活品味，而當心理疲憊或者生理困乏時，我們是否想對它進行必要的按摩呢？經絡穴位是中國經典的傳統文化之一，許多具有中醫情結和武術情結的人對它都有極深的印象和好感。人體有 300 多個穴位，穴位與神經系統有著密切的關係，穴位按摩法是利用改善體內「氣」的流動方向，來強化人體的心理和生理機能，排除人的不良情緒，創造一種舒暢感，讓每個人都能輕鬆地工作與生活。

按摩穴位，舒緩情緒

> 穴位按摩是中醫的重要療法。透過穴位按摩，可以調節人體陰陽平衡，並使人體達到一種平靜和放鬆的狀態。

現代生活的步調越來越快，相對地，身體承受的壓力也越來越大，如果我們不懂得如何舒緩自己的情緒，放鬆身心，那麼身為現代人就太不懂得愛惜自己了！舒緩情緒的方式形形色色，而穴位按摩便是最為舒體愜意的一種方式！

穴位按摩是中醫的重要療法，用手或器械在人體的一定穴位或部位上推、按、捏、揉等，以外部的適度刺激促進血液循環、調理神經、疏通經絡、放鬆全身，達到保健的目的。無論是從中醫的觀念來講，還是現在世界各國流行趨勢看，穴位按摩是同時發揮身體和心靈雙重療效的方法之一。

穴位按摩最大的影響就是可以使人深度放鬆。按摩可以放鬆緊繃的肌肉，大多數人在接受按摩後數小時內會感到渾身非常舒暢，透過穴位按摩，可以讓自己的情緒處於安靜平和的狀態，從而達到真正放鬆的目的，放鬆了，人體的狀態就會回歸到大自然的狀態，人體的各種自我恢復機制就會啟動。比如，人如果連續處於思慮之中，大腦比較疲憊，可以按壓勞宮穴（在手心正中）、內關穴（在手腕內面腕橫紋上方 2 寸處，即約 3 橫指的距離）和三陰交穴（在內踝上方 3 寸處，即約 4 橫指的距離）。

穴位按摩可以調節心理。即透過刺激身體的感官來治療憂慮、緊張、情緒低落、失眠、或過度壓力所帶來的不安等心理問題。比如，如果人在憤怒、急躁或焦慮時，可以按壓勞宮穴、中沖穴（在中指的指尖）和太沖穴（在腳背上方，足部拇趾和第二腳趾趾縫之間）。

穴位按摩可以增強體質。透過對局部穴位及神經經絡的按摩，可以疏通經絡，理順氣血，扶正祛邪，增強體質。比如解除腰背酸痛，可以按壓承山穴（小腿後方的正中間）和崑崙穴（外踝後的凹陷處）。

定期地進行穴位按摩，還能使蒼白、鬆弛、乾燥的面部皮膚變得紅潤而富有彈性。如按摩印堂穴（兩眉毛內側端之中點）、陽白穴（眉毛正中上 3 公分處）可使面部氣血流暢，

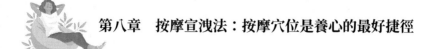

達到美化容顏的目的。

此外，透過穴位按摩還可以加快血液循環，增加局部的血流量，有助於營養物質的運送和代謝產物的排除，從而達到減肥的目的。如按摩陽陵泉穴（膝蓋斜下方，小腿外側之腓骨小頭稍前凹陷中）可促進膽汁分泌，而膽汁可以促進消耗堆積在臀部和大腿的多餘脂肪。

雖然穴位按摩能舒緩情緒、保健身心，但也有一些情況是不適合做的，例如患有急性損傷、局部水腫、局部炎症、開放型損傷如骨折、破損等，以及嚴重的心臟病、高血壓、腎功能衰竭等疾病的人；女性在月經期及妊娠期不宜進行按摩；空腹、飽食、醉酒及劇烈運動後不宜過於用力按摩。

穴位按摩前也不要吸煙。大家都知道，香煙中含有大量尼古丁成分，尼古丁一旦進入體內，會引起交感神經緊張，血管收縮，而使血液循環不暢，從而影響穴位按摩的療效。

進行穴位按摩時，還要拋掉一切煩心的事情，保持心境的平和，並將所有的注意力都集中在按摩上，全心配合按摩，否則也會影響按摩的療效。

按摩太陽穴有助於減少怒氣

怒氣會使你的頸部和肩部內的肌肉緊張引起頭痛，自我

> 按摩頭部或太陽穴數次，有助於減少怒氣，緩解肌肉緊張。

生活在充滿矛盾的世界上，誰都會遇到令人生氣彆扭、氣憤發怒的事情。然而，發怒非但不利於問題的解決，反而會帶來很多有害的後果，不僅會讓我們失去生理與心理的平衡，而且還會給人際關係蒙上陰影。清朝欽差大臣林則徐的堂上高懸「制怒」警言，說明古人對發怒的危害性早有認識。

傳統醫學認為，怒皆由氣而生，氣和怒是兩個孿生的兄弟。由怒忿不平，而怒火勃發。怒氣會使「血氣耗，肝火旺，怒傷肝」這些常識早早已被人們所熟知。歷史上諸葛亮三氣周瑜的故事，周瑜在惱恨暴怒之下，口吐鮮血而亡的故事人人皆知，現實生活中，也不乏因生氣、盛怒而身亡者。

那麼，我們在生活中如何透過按摩來制怒呢？

中醫裡講，自我按摩太陽穴10秒鐘有助於減少怒氣。怒氣會使你的頸部和肩部內的肌肉緊張引起頭痛，自我按摩太陽穴數次，有助於減少怒氣，緩解肌肉緊張。

太陽穴在中醫經絡學上被稱為「經外奇穴」。《達摩祕方》中將按揉此穴列為「回春法」，認為常用此法可保持大腦的青春常在，返老還童。當人們長時間連續用腦，或在極度憤怒之時，太陽穴往往會出現重壓或脹痛的感覺，這時按

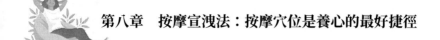

摩太陽穴可以給大腦以良性刺激，能夠解除疲勞、壓制怒氣、振奮精神、止痛醒腦，並且能繼續保持注意力的集中。

太陽穴的位置在由眉梢到耳朵之間大約 1/3 的地方，用手觸摸最凹陷處就是太陽穴。有左為太陽，右為太陰之說。按摩時首先調整好身體姿勢，坐站皆可，但一般都採用坐姿，端正身體，挺直脊背，穩定情緒，集中精神。將手掌搓熱，貼在頭上，以拇指指腹分別按在兩側的太陽穴上，稍用力使太陽穴微感疼痛，然後，順時針、逆時針各揉動相同的次數。一般按摩的次數可以根據大腦的疲勞和憤怒的程度來調整。也可以將手掌貼於兩側太陽穴，稍稍用力，順時針轉揉 15 ～ 20 次，再逆時針轉相同的次數。

此外，經常按摩太陽穴還有促進血液循環的作用。無論在火車上還是飛機上，很多女性多是長期保持直立的坐姿，皮膚的血液循環非常不順暢，新陳代謝也受到影響，看上去臉色不好，怎樣能使自己在旅途過後神采奕奕呢？在這裡向大家推薦一個簡單的方法：用手指輕輕按摩太陽穴及頭頂的頭皮。別小看這不起眼的動作，在外出旅行時試試吧，會給你的皮膚和整體形象帶來不同往常的全新改變。

愛生悶氣就按太沖穴

人總是會生氣的，生氣的補救方法就是按摩太沖穴，使上升的肝氣向下疏泄，把生氣對身體的傷害降至最低。

我們的手腕、腳腕關節部位有很多重要的穴位，比如經絡的原穴、經穴等。太沖穴（位於足背側，當第一、二蹠骨結合部前緣凹陷處）是肝經的原穴，「原」有「發源、原動力」之意，內經有「五臟六腑之有疾者，皆取其原」之說，因此，太沖穴對於人體健康有很重要的作用。有養生專家認為，太沖穴按上去很痛的人，一定愛生氣，因此，按摩太沖穴可以解肝鬱。

肝火旺的人一般都是有膽有識、精力充沛。而肝火先天不旺，氣血不足的人，一旦生氣，很容易被壓抑，無力宣發，只能停滯在臟腑之間形成濁氣，而阻礙氣血的正常運行，使血液循環減緩，在體內鬱結成塊，甚至形成腫瘤。所以，有濁氣一定要及時排出。

說到肝火，說到生氣，我們離不開太沖這個奇妙的穴位。作為肝經的原穴，肝臟所表現的個性和功能都可以從太沖穴找到形質，它可以給人注入能量，可以幫助人們排解煩悶。

中醫裡講，「肝為剛髒，不受怫鬱」，意思是說，肝的

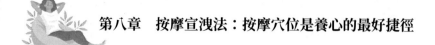

陽氣很足，火氣很大，是不能夠被壓抑的；「肝主筋，易生內風」，如果有人出現手腳拘攣的情況，這就證明肝已經受傷了；「肝開竅於目」，如果肝血不足眼睛就會酸澀，看東西就不清楚了；而肝火太旺，眼睛則脹痛發紅；「肝藏魂」，有的人整天精神渙散，思考難以集中，就像丟了魂似得，這就是肝氣虛弱所致；還有的人夜裡總被噩夢驚醒，而且再難入睡，這也是肝臟鬱結的濁氣在作怪。

　　針對如此眾多的問題，太沖穴可以一一解決。它可以在我們發燒的時候幫我們發汗，可以在我們緊張的時候幫我們舒緩情緒，可以在我們昏厥的時候將我們喚醒，可以在我們抽搐的時候幫我們解痙。

　　十二指腸潰瘍、胃潰瘍、胃出血這三種疾病雖然發病的部位和嚴重程度不一樣，但是從疾病和保健的觀點來看，三者是同樣的疾病。從中醫的觀點來看，這是肝臟的疾病，是生悶氣引起的。

　　肝有問題，使人容易生氣，也可能由於生氣造成肝的問題。可怕的是生氣會使肝的問題惡化，肝的問題越大，就越容易生氣，形成惡性循環使問題越來越嚴重。太沖穴什麼人用好呢？最適合那些愛生悶氣、有淚往肚子裡咽的人，還有那些鬱悶、焦慮、憂愁難解的人。

　　按摩太沖穴時，可採用正坐或仰臥的姿勢，太沖穴位於

足背側，第一、二趾蹠骨連接部位中。以手指沿拇趾、次趾夾縫向上移壓，壓至能感覺到動脈映手，即是此穴。按摩這個穴位時會很痛，必須反覆按摩，直到這個穴位不再疼痛為止。這樣可以讓上升的肝氣往下疏泄，也可以在生氣的當天找一個專業的針灸醫生，在太沖穴扎針，隔兩天再扎一次，直到這個穴位按起來不再痛，頭頂也不再發熱為止。

《人體使用手冊》作者吳清忠先生這樣說：「人總是會生氣的，生了氣的補救方法就是按摩太沖穴，使上升的肝氣向下疏泄，把生氣對身體的傷害降至最低。」但如果你是那種隨時都會發火，不加壓抑，發完火後馬上又可以恢復自如的人，那麼太沖穴對你的意義就不是很大了。

按摩通裡、少府清心寧神

> 通裡穴和少府穴均有清心寧神的作用，想在考前或遇事緊張之時放鬆心神，在兩穴處進行和緩按摩，能很好的平定情緒。

通裡穴有安神寧心、通竅活絡之效，主治心悸、怔忡、暴暗、舌強不語、腕臂痛等病症。中醫古籍《玉龍歌》中說：「連日虛煩面赤妝，心中驚悸亦難當，若須通裡穴尋得，一用金針體便康。」少府主要防治原發性心臟病、先天心臟

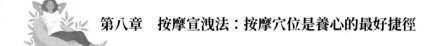

不好，它有清心瀉火、行氣活血的作用，最強的功效是清心除煩。

通裡穴和少府穴均有清心寧神的作用，當我們出現神經性心悸、心動過速、心律不齊、神經衰弱及精神病時，應多取這兩個穴位進行按摩。想在遇事緊張或煩躁、莫名地恐懼焦慮之時放鬆心神，在兩穴處進行和緩按摩，能很好的平定情緒。

通裡穴位於人體的前臂掌側，尺側腕屈肌腱的橈側緣，腕橫紋上 3 公分處。少府穴特別好找，我們把手指輕輕一合攏，小指按著的地方就是少府穴，它也正好位於通常被稱作「感情線」的那條掌心橫紋上。

下面我們就來說一下這兩個穴位的按摩方法：

1. 一手屈肘，前臂斜向胸約 45°，另一手的四指併攏，靠在前臂內側，拇指指端放在通裡穴處，用指端甲緣按壓 15 次；或將併攏的四指越過尺側，托在前臂背側，拇指指腹放在通裡穴處，用指腹向指尖方向推擦 15 次；或一手前臂在胸前，另一手四指在手背部，拇指指端按放在通裡穴處，用指腹向肘關節方向推擦 15 次。

2. 一手在胸前，掌心朝上，掌微屈，拇指指端放在少府穴處，用指端甲緣按壓 15 次；或一手屈肘在胸前，掌心朝上，掌微屈，四指併攏，指向正前方，拇指指腹放在少

府穴處，用指腹推擦少府穴 1 分鐘。

要注意的是，在按摩時一定要排除雜念，心神安和；按摩力度宜稍輕，動作宜和緩；心氣虛寒、畏寒怕冷者不適合此按摩方法。

大敦、內關是鎮靜要穴

> 大敦、內關二穴都有寬胸理氣、鎮靜安神的作用。當我們處於精神緊張的狀態時，可以對有鎮定安神的此二穴進行按摩來緩解症狀、調節情緒。

大敦穴為人體足厥陰肝經上的主要穴道之一，主治目眩、腹痛、肌肋痛、冷感症等病症，除此之外，自古以來亦被視為鎮靜及恢復神智的要穴。

內關，內在之關要，內關穴為常用特定穴，亦是全身強壯要穴之一，對心、胸、胃、神經性疾病均有效，能寧心安神、宣疲解鬱、寬胸理氣、宣肺平喘、緩急止痛、降逆止嘔、調補陰陽氣血、疏通經脈等。在平日的養生保健中，可以經常按壓，以舒緩疼痛症狀，穩定情緒，解除疲勞。

當我們焦慮情緒很嚴重時，比如坐立不寧、手心出汗、小便頻繁、胃部難受等一些反映到生理上的精神緊張的狀態時，可以對有鎮定安神的大敦、內關二穴進行按摩，來緩解

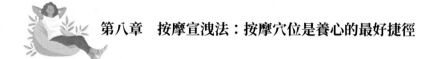

症狀、調節情緒。

　　下面我們就來介紹一下這兩個穴位的按摩方法：

　　按摩大敦穴時，取坐位，大敦穴位於大拇趾（靠第二趾一側）甲根邊緣約 2 公釐處，將一腿放在另一腿上，用拇指指尖掐揉大敦穴 0.5 ～ 1 分鐘，雙腳交替進行，每日睡前重複 10 次左右。

　　按摩內關穴時，伸出左手，手和手腕之間有一個界限，叫做腕橫紋。將右手 3 個手指併攏，把無名指放在左手腕橫紋上。右手食指彎曲和這個左手的手腕交叉的這個點的中點，有兩根筋，內關穴就在兩根筋的中間。按摩時，就是大拇指垂直往下按，按壓的力量要慢慢加強，以指尖有節奏地進行按壓。按壓的頻率約為每 1 次 /2 秒，左右手每次最少 30下，一天至少按摩 2 次。

　　要注意的是，穴位不敏感者，或要留指甲者，必須用磁頭按摩器。

常按勞宮、神門緩解精神疲勞

按摩勞宮、神門二穴，能鼓舞頭面部氣血，用腦後和緩按揉，能夠解除疲乏，振作精神，有助於提神醒腦，緩解緊張。

　　勞宮穴是疲勞蓄積的穴位，當疲勞時，特別是精神上的疲勞或虛勞積蓄時，人體就會產生各種反應。據傳統醫學記載，勞宮穴自古以來就有之，是促進「心」的健康的穴位，是手厥陰心包經的穴位。心包經由神經系統所控制，人一旦陷入緊張的精神疲勞，心包經的功能就會緊張，進而會引起全身性的神經失調。如果我們連續處於思慮之中，大腦比較疲憊，這時可以按壓勞宮穴，以消除疲勞，緩解緊張。

　　神門穴有什麼功效呢？中醫認為，「治髒者治其俞」，這個穴是一個俞穴，那麼它就可以治療心臟本髒的疾患。中醫又說：「五臟有疾，當取十二原」，這個穴還是原穴，所以它的功能非常強大。神門穴多用於治療心臟性、腦神經以及消化系統方面的疾病。其次，對治療關節炎，尤其腕關節炎，效果也非常明顯。按摩神門穴，能鼓舞頭面部氣血，用腦後和緩按揉，能夠解除疲乏，振作精神，有助於提神醒腦。

　　下面我們來介紹一下這兩個穴位的按摩方法：

　　按摩勞宮穴時，攤開自己的雙手，然後輕輕握拳，指端觸及掌心，中指尖所點之處，即為勞宮穴。用一手的拇指反覆按壓或按揉另一手上的勞宮穴，或兩手握拳，以中指尖按壓此穴，或兩手間夾一個核桃或鋼球之類的物體，使其在勞宮穴上旋轉按摩，這樣能很快緩解精神疲勞的症狀，並有一

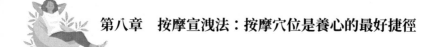

種舒坦的感覺。日本大阪醫科大學的學者，透過多種方法試驗，證實了手搓水晶球能刺激勞宮穴，對消除精神疲勞、增進身心健康，大有裨益。

神門穴在手腕掌面關節小指側，腕橫紋中。將腕橫紋分成 6 等份，自尺側到橈側，第 1 等份與第 2 等份交界點處即是。按摩時，一手屈曲張掌，掌心向上，在胸前處，另一手四指由前臂外側托在下方，拇指指端放在神門穴處，用指端甲緣按掐 15 次；或用拇指指端推擦 1 分鐘。用腦一段時間後，容易導致腦力疲勞，頭昏腦脹，需要提神解乏，按摩神門穴，有一定的提神醒腦作用。

赤腳踏石是一種特殊的按摩

> 在鵝卵石上走走或者跑跑，刺激刺激腳掌上的經脈穴道，不但能醒腦提神，提高人體的平衡能力，而且還能強身健體。

踏石健身術在中國已流傳了幾千年。古人在赤足舞蹈、走路或奔跑時發現，這類活動對足部密集的穴位有刺激按摩作用，能發揮健身效果。近年來，這種健身方法在美國、日本等 30 多個國家中流行。在日本的一些工廠、公司的大門前，特意鋪設約 10 餘公尺長的鵝卵石路，以便讓員工在上

下班時可赤足慢跑、行走或蹦跳上幾分鐘，不少公園為招徠遊人，也闢出彎彎曲曲的鵝卵石小徑，讓人們盡情地赤足踏石，進行跳繩、跑步、跳舞等健身活動，甚至於有的游泳池也將原先平滑的瓷磚底改為凹凸不平的卵石底，為的是讓越來越多的踏石愛好者能在揮臂暢遊之餘，美美地在水中踏石放鬆。

《黃帝內經》中指出：「根者，本者，部位在下，皆經氣生發之地，為經氣之所出。」它比喻人體的腳部為生命之根，是氣血運行的重要端點，人們加強腳部的鍛鍊，就像促使樹木茂盛培植其根部一樣有道理。按中醫的原理，人的腳板上集中了 60 多個穴位，自古中醫就有「上百會，下湧泉」之說。腳心的湧泉穴是全身病氣的排出口，因此光著腳板踩石子，就好比按摩穴位一樣，只要長時間堅持鍛鍊，就會使身體血行通暢、睡眠香甜、食慾增加、身體靈巧，甚至會感覺到一股熱流源源向全身噴射，不但使肌肉變得富有彈性，而且體態也會逐漸變得健康優美，很久以前中國便有「根深者枝葉茂盛，腳健者通體安和」的說法。

有調查發現，凡每天踏石 1～2 次，每次 20 分鐘左右，並堅持數月者，普遍感到精力充沛，情緒樂觀，思路清晰，且不易感染感冒等疾病。醫學家也曾驗證了踏石的健身效應：當赤腳在卵石上行走一回，由於皮膚上的神經末梢感受

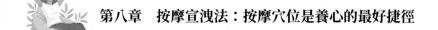

器受到刺激，人感到肢體舒展，腿腳有力。一些堅持踏石數月的慢性病患者，恢復了正常血壓，降低了血脂，連頭痛、牙痛、便祕、鼻炎、腰腿痛等常見疾病，也在卵石的踩踏中得到消解。美國專家的一次研究顯示，60歲以上的人每天在圓滑的鵝卵石小徑上行走半個小時，連續行走4個月後，他們的高血壓會顯著降低，而且身體的平衡能力和協調性也都有明顯提高。

人是個帶電體，在乾燥的氣候環境中，人體的儲電量可達幾百伏特，甚至於幾千伏特。這些靜電如不及時釋放，就可能影響到人的大腦神經及血壓等功能。現在很多人都居住在高樓大廈，穿在身上的也多是些化學絕緣材料，靜電不易釋放。因此，光著腳板踩石子，還能讓人體直接與大地接觸，便於靜電釋放，令人感到有說不出的輕鬆和舒適。

踏石健身十分簡便易行，如果不願去外面湊熱鬧，或者因為烈日當空、颱風下雨，或者沒有卵石地等等，我們可以在家中的庭院裡鋪設上卵石小道，走起來隨意、自在。住透天厝的可以把「踏石」移植家中，可以用鵝卵石和水泥製作成1平方公尺的踏石板擺在客廳裡，也可以將鵝卵石裝在袋子裡，每天赤著腳在上面重踏輕踩。

當然，我們也必須指出，這項時尚健康運動並非適合所有的人，如果盲目選擇走鵝卵石路健身，有可能健身不成反

傷身。下面幾種人就不適合進行此項運動：

- 患寒性疾病者不適宜踏石健身，因為他們的腳部怕著涼，必須保暖，不適合赤腳接觸冰涼的石頭。
- 患有風溼關節炎和脈管炎者不適宜踏石健身，因為他們的血管彈性差，受冷刺激後會加劇血管痙攣，使血流更加緩慢，不利於新陳代謝。
- 患足部疾病者不適宜踏石健身，否則會加重腳的損傷。
- 患有骨關節疾病者不適宜踏石健身。老年人一般都有不同程度的骨關節退行性病變和骨質疏鬆，關節已不如年輕時光滑，如果在高低不平的鵝卵石路上走的時間太久，反而會加劇骨關節的磨損，造成關節腫脹和疼痛。
- 腳部有外傷者不適宜踏石健身，暴露在外的石頭上，不免沾有灰塵和各種細菌，赤腳行走，可使病菌從傷口進入，引起感染。
- 糖尿病患者也不適宜踏石健身，糖尿病人容易出現下肢血管病變，末梢循環不好時，最好不走鵝卵石路，以防出現糖尿病足，但對於剛患糖尿病的人，如果沒有出現下肢血管病變，也可以進行踏石健身。

　　根深才能樹大，腳健才能體壯，在一份空閒的時間裡，我們不妨來試試這踏石健身術吧！

第九章
冥想宣洩法：使用想像力來調節心與身

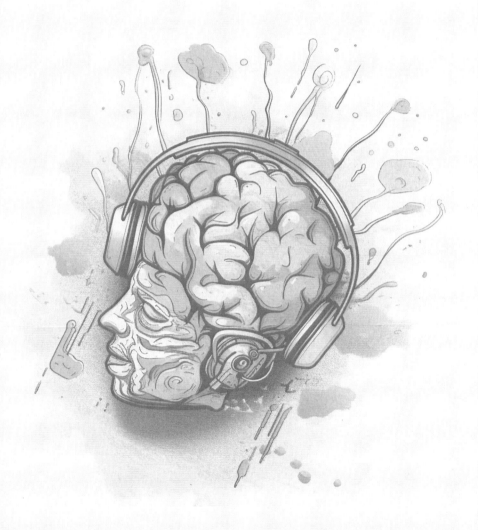

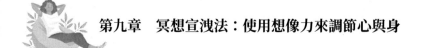

　　冥想是一種意境藝術，是專注於自身的呼吸和意識，感知生命每一瞬間的變化，是一種很好的情緒宣洩方法。就如身體的健康，心靈的健康也是非常重要的。每天留一點時間、一個空間給自己的心靈冥想，能讓自己整理紛亂的思緒，暫時忘卻工作、忘卻煩惱，讓自己進入到一種全新的忘我境界中，而且冥想還可以預防乃至治療如癌症、愛滋病、心臟病等多種疾病。荷蘭的一項醫療調查顯示，經常沉思冥想者比很少沉思冥想者的發病率要低一半，在染上威脅生命的重病率方面要低 86％。可以說，冥想是身與心互相溝通的有效方法。

冥想是駕馭情緒的有力韁繩

> 冥想者較一般人更容易達到平靜而快樂的狀態。透過冥想，可以培養我們的注意力，穩定情緒，並且放鬆自我，保持身心愉悅。

　　迷惑、焦躁、嫉妒……總是在不經意間撲面而來，因此我們必須學會關照自己的負面情緒，怎麼讓這些不愉快的體驗快點離開我們的生活呢？美國心理學家提出透過用冥想來宣洩情緒。當進入冥想狀態時，想像力、創造力與靈感便會源源不斷的湧出，對於事物的判斷力、理解力也會大幅提

升，同時身心會呈現安定、愉快、心曠神怡的感覺。

在忙碌與疲憊共存的現代生活中，冥想已經成為一種流行的、必然的放鬆與解壓最好的方式。

美國著名女演員海瑟‧葛拉罕（Heather Graham）曾在醫生的指導下練習冥想，每天早上起床後和下午各練習 20 分鐘，她說：「過去我常常因為一些小事而長期擔心憂慮，其實這都毫無意義。冥想讓我懂得，內心的平靜才是最重要的，如果擁有了這份平靜，就擁有了所有的東西。」

早在兩千多年前的佛教禪宗中就談到了冥想。所謂冥想就是指靜思或沉思，最早人們修教都是以養生為目的，即以此達到自我防病、治病、健身、益智和延壽，隨著社會的發展與進步，冥想越來越具體化：猶太人把它作為一種科學的育兒方法；愛因斯坦、佛洛伊德由此而成就終生；美國人則把冥想演繹為提高運動成績的精神訓練法，有「花蝴蝶」之稱的運動員格里菲斯‧喬伊娜就此而誕生；日本人更是活學活用，企業、礦場、公司等單位都紛紛普及禪定，以松心緩性，消解工作壓力。據統計，在日本，修煉冥想者已超過 4 萬人。

冥想是一種很好的宣洩情緒的方法。現代人的代表性疾病的根源就是各種生活壓力，因為壓力我們變得煩躁不安，進而導致各種疾病，而冥想是治療壓力的一個好方法。一個

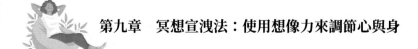

人冥想時，他會暫時遠離現實世界的喧囂，找回心靈深處的
平靜和集中。在這一過程中，不僅心靈得到了最大的安定，
身體也得到了最大限度的放鬆，找回了身體的健康和平衡。

　　美國俄勒岡大學的一位教授曾選取了 40 名大學生做研
究，他把這些學生分為兩組，第一組每天堅持冥想 20 分鐘，
連續做 5 天；第二組每天只做放鬆訓練。結果顯示，第一組
學生在注意力和整體情緒控制方面都有了明顯改進，他們曾
經存在的焦慮、情緒低落、憤怒和疲勞感也都有所下降。

　　冥想不僅僅能使人感覺舒暢、心情平和，還可以改善人
的腦結構，實實在在的健腦。一些大腦神經系統專家曾利用
複雜的成像技術做過測試，結果顯示：在深度冥想中，大腦
如同身體一樣會經歷微妙的變化，冥想可以訓練頭腦，重新
改造大腦機構；可以在大腦面對消沉、過度興奮等精神層面
的問題時，重建平衡。

　　研究人員為了弄清冥想的大腦機制使用了核磁共振成像
設備，他們用這種技術掃描了 15 名慣於冥想者的大腦，然後
將掃描結果同另外 15 名普通人的大腦進行比較。他們發現，
冥想者的大腦皮層在一些地方比普通人更厚，在涉及注意和
處理感覺資訊的地區。這表明，冥想可以有效修復人體因為
壓力帶來的神經和心理損傷，因而具有維護人的心理健康的
作用。

　　美國肯塔基大學的科學家用一種可量化的方法，對冥想的功效進行了一次成功的實驗。他們讓參加實驗的參與者注視一個液晶顯示幕，當某種圖像顯現的時候，參與者被要求盡可能快地按動一個按鈕。一般來說，圖像出現之後，人們按動按鈕需要 200 ～ 300 毫秒的時間做出反應，但睡眠不足的人卻需要更長的時間，有時甚至無法做出反應。

　　研究人員讓參與者在冥想前後參加按動按鈕的測試，並與同時進行的其他測試，例如有關睡眠、閱讀、交談的測試予以比較。實驗表明，冥想使參與者在做出反應時取得了好成績，尤其是在一夜未眠的時候，冥想的提神作用更是十分顯著。

　　冥想過程中，人的腦波會變得安定、心情逐漸變得平和、全身肌肉變得放鬆，而體內的 β- 內啡肽、嗎啡、多巴胺等激素的分泌反而越來越活躍，因此人體的免疫力會逐漸加強，達到和預防疾病的功效。冥想可預防冠心病、高血壓、前列腺疾病，還可預防、降低或控制愛滋病、癌症等慢性疾病所產生的疼痛。有研究者表示，冥想者的技術越高，其免疫系統功能便越好。

　　冥想是一種意境藝術，是專注於自身的呼吸和意識，感知生命每一瞬間的變化。在專注於一呼一吸的同時，記住自身最理想的狀態，讓自己沉浸在拋開萬物的真空狀態，找到

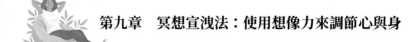

心靈的平衡。冥想的第一階段是將心靈集中到一處，讓自己保持鎮定狀態，不為外界的刺激而動搖，持續進行著心靈深處的冥動；第二階段是心靈逐漸變得平穩，繼而感受到純粹和明朗；最後，心靈完全失去主觀與客觀的對立感，進入渾然忘我的真空狀態，和宇宙合而為一，即宗教上所講的解脫。

　　冥想的方法有很多種，如禪坐冥想、慢走式冥想、音樂冥想、沉思冥想、瑜伽冥想、燭光冥想等。找到適合自己的冥想方式，才能夠讓身心得到最佳的放鬆狀態。如果採用不合乎自己的冥想法，不但有痛苦，而且白費心力，最後只會帶來身心的疲勞。凡是可以達到「無」心，也就是能夠停止自我意識的活動，任何一種冥想法都可以，也是最正確的冥想法。

　　在冥想時還要注意以下幾點：

1. 冥想前要排空腸和膀胱，不要在吃飽飯後冥想。
2. 盤腿坐，面向北或東，這是磁場最有利的方向。
3. 當我們坐下冥想時可能有很多想法浮現，不要擔心，把其他想法拋到一邊，將思想集中到呼吸上，不要試圖停止所有的想法，透過練習會越來越平靜。
4. 有一天，我們的冥想很成功，另一天，冥想時有很多其他想法，不要因此而沮喪，只要堅持冥想的原則，我們會逐漸進步的。

5. 一旦開始就不要放棄，每天在規律的時間冥想是很重要的。

6. 冥想可以逐漸消除氣憤的情緒，但是不要在生氣、沮喪、憤怒和生病時冥想。

　　隨著社會的發展，冥想作為一種文化也在發生變化。它不再是神祕的事情，而是非常大眾化的生活方式。我們如果感到壓力大、情緒不好，不妨試著練習冥想。

禪坐冥想清醒自我

> 禪坐的功用在於訓練自己的心，讓人從執著、成見、偏見、野心、貪婪和情慾中解脫出來，克服精神壓力、緊張、焦慮、憂鬱和敵意，它是現代人尋求精神悅樂、清醒自我、解開執著或情感汙染束縛的好方法。

　　1891 年法國畫家高更離開繁華的巴黎，來到南太平洋的大溪地島去作畫。他剛來到這個島上時，他非常驚訝於當地人居然可以坐著不動達數小時，而周圍安靜得可以聽到樹葉飄落的聲音。在他出版的書《生命的熱情何在？高更大溪地之旅》中記載到：「我正要離開（大溪地），年紀老了 2 歲，心情卻年輕了 20 歲；比我抵達時更像一個野蠻人，但卻更聰明了。是的，野蠻人教導了我這個從腐敗文明來的人許多

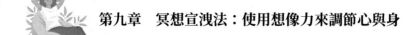

事，這些無知的人教了我許多生活與快樂之道。最重要的，他們讓我更加了解自己，他們教給我最深層的真理。」

在高更去世的前1年，他留下了「野蠻人的故事」這幅傑作，畫中的土著人盤腿而坐，靜氣凝神，似乎在禪坐冥想。

什麼是禪坐？其實就是坐禪。坐禪的基本要領是調身、調息和調心，三者之中，以調心為重心。可以說，禪宗是現代人宣洩情緒的最好方劑。

當生活中各種雜亂的妄念，尤其是使情緒激動的強烈的欲望、憤恨、傲慢、失望等，使得生理組織發生震撼而失去平衡的作用時，禪坐冥想能夠減少那些雜亂及無益的妄念，使頭腦經常保持輕鬆與冷靜的休閒狀態。禪坐冥想的目的，就是要透過靜態的身心訓練，學習放下種種緊張、不安、焦慮和妄念，讓身心清淨和安寧。禪坐冥想是有效舒解壓力的方法，能讓身心輕安，提升免疫功能。

中醫學認為，「心定則氣和，氣和則血順」，禪坐冥想不但可以祛病強身，而且還可以去除人的主觀迷妄，獲得平靜與安樂。「心愧而面赤，心憂而貌悴，興奮而食增……」這都是心理狀態對身體的影響，心足以支配身。我們平時能看到，一些身體強健的運動員，一旦生病便無法抵禦，甚至成為廢人，而許多禪師、練功者，則往往能借鍛鍊心意來驅

除病魔。

禪坐冥想能培養一個人在生活中時刻保持一種清醒、放鬆和隨機待動的狀態。隨著冥想的加深，a 腦波（清醒、放鬆的腦波）和 θ 腦波（清醒、放鬆而有保持覺察的腦波）的出現與持續，心跳及耗氧減緩下來，身心感到舒適和安定，血中乳酸鹽濃度的下降，緊張、焦慮得到緩解。根據哈佛大學心臟科醫師斑森研究，在 20 分鐘的禪坐冥想以後，心跳、呼吸速率、血壓、氧氣的消耗、二氧化碳的製造和血清乳酸的量都減少了，他稱這種現象為「放鬆效果」。每天做 20 分鐘的禪坐冥想 2 次，即使我們的工作非常繁重，在禪坐之後就會像充電一樣，再度充滿活力。

禪坐對於各種慢性疼痛也有奇效，特別是腰頸疼痛。腰頸疼痛大多是由於情緒不良，工作休息時身體姿勢不正確，造成腰頸部肌肉收縮不協調。習慣禪坐後，會自然而然注意保持正確的身體姿勢，在一定程度上消除了病因。

禪坐能夠治病，也能健身。經常禪坐，會使人活力增強。由於禪坐使人注意力集中，減少差錯，有消災的作用。禪坐還會對人的心智產生深刻影響，會使人思維敏捷、迅速、清晰，增強創造性思維，觀察力加深，思考力加廣。

下面我們來簡要介紹一下禪坐冥想的基本方法：

- **時間**：剛開始練習時，以早晚人聲寂靜為好；當功夫嫻熟後，則可自如隨意，身居鬧市亦可不為所擾。
- **準備**：保持空氣流通，備坐墊，或凳，或床，平緩為宜。
- **坐姿**：坐定後以左腿在下右腳置於左大腿上，再將左腳置於右大腿上，反之亦可，稱為全跏趺坐。也可將右腳置於左腿上，左腿置於右腿下，反之亦可，即半跏趺坐。如半跏趺坐仍有困難，可採交腳坐，即把兩小腿交叉向下面盤。如以上各種坐姿均有困難，則採正襟危坐，即坐於與膝同高的椅子上，兩腳掌平放於地，兩小腿垂直，兩膝間容一拳距離。

  以上各種坐法，背勿靠壁。左手放在右手下，手掌心朝上安疊在小腿上，如正襟危坐，可置兩大腿上。頭部自然正直，閉眼、合唇，舌舐上齶，鼻正對肚臍。肩部放鬆、下垂，勿聳起。面部肌肉亦隨之放鬆，任其自然。
- **調息**：呼吸須細長深遠，用意引入臍下，出入綿緩，忌急促或發聲。
- **凝心**：靜坐，注意臍下，腦中只有一個「空」字，使心息相依，逐漸不覺有手、有身、有我，從此進入心息兩忘境界，即為入定。

一個練習禪坐冥想的人，平常應常常運動，如慢跑、打太極拳、八段錦、做體操、練瑜伽等等。運動有助於血液中的化學平衡，使精神愉快、神經鬆弛，也減少心理的緊張和焦慮。

在坐禪前後，均需做適量的暖身運動，並注意按摩全身各部位。坐禪前先運動後按摩，以期身心輕安，血液循環正常。坐禪之後，先按摩後起身，再做運動。按摩時先將兩掌搓熱，先輕輕按摩雙眼，然後依次按摩面部、額部、後頸、雙肩、兩臂、手背、胸部、腹部、背部、腰部，再至右大腿、膝蓋、小腿，再至左大腿、膝蓋、小腿。

禪坐冥想並不限定時間，惟在飯後半小時內不宜。一般人因工作繁忙，可選擇早晚練習。時間隨自己適應能力由短而長，短則 3 ～ 5 分鐘，長則 1 小時或更長，乃至數小時或數日，一切隨緣，不宜勉強，而影響身心健康。

慢走式冥想減輕焦慮

> 慢走式冥想可以幫助人專注思想，集中精神，同時讓人從思維上、態度上保持一種平穩、穩定的心態。

美國史丹佛大學醫學院的健康教育、健身專家鼓勵那些走路健身者改變自己的運動習慣，號召大家不妨邊慢走邊冥想。這種慢走式冥想可以幫助人專注思想，集中精神，同時

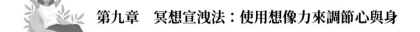

讓人從思維上、態度上保持一種平穩、穩定的心態。當我們
把這種心態帶到生活與工作當中去時，將能夠在一切波瀾面
前保持著穩定、平和的情緒。實驗證實，一群人在慢走式冥
想 16 個月之後，焦慮減輕，對自己也有較正面的評價。

下面我們即來簡要介紹一下慢走式冥想的基本方法：

- **姿態**：行走時要保持頭部、軀幹的直立，讓能量集中在
  腹部的位置發出，膝蓋略彎且放鬆，腳步要輕盈、平
  穩，不要大踏步走，而是將前腳掌輕輕觸地，用腳趾的
  觸覺去感受接觸地面的感覺。

- **眼睛**：眼睛不可隨意亂看，必須集中注視一個方向，要
  麼抬起眼睛看著遠方的一個點上；要麼眼簾下垂只看腳
  前的地方，就像有人牽著我們的衣襟在黑暗中慢慢地向
  前行走一樣。

- **呼吸**：行走時使用橫膈膜呼吸，對鼻腔保持高度的意
  識，關注呼吸從肚臍位置到鼻腔的整個過程。呼吸要順
  暢，全身要放鬆，呼吸的節奏與腳步走動的節奏配合在
  一起。

- **思想**：精神放鬆，思想集中於吸氣、吐氣、再吸氣、再
  吐氣的過程中；冥想時不要海闊天空地瞎想一氣，而是
  儘量使自己全神貫注於某一事物。

　　走路，如今已經漸漸退出大多數人的生活 —— 出門都是以車代步，偶爾走幾步路也是大呼腳酸，趕路表情焦慮、茫然……走路真的那麼煩嗎？其實行走時把注意力放在姿勢、呼吸和冥想上，哪怕環境再嘈雜，心靈都會變寧靜，整個人也會因此大不同。

　　無論是寬闊馬路還是狹長小道，甚至地鐵、樓房的樓梯，又或公園、湖邊，都是慢走式冥想的「幸福地」。現在我們就來學習能帶來幸福的「慢走式冥想」吧！

音樂冥想恢復活力

> 音樂冥想是最好的放大身心、獲得活力的方法。閉上眼，在音樂的包圍中，放鬆自己僵硬的身軀和思想……使我們在重重壓力下，獲得深度休息的最佳途徑。

　　音樂冥想也是冥想方式的一種。選擇一些舒服、放鬆心情的音樂，比如浪濤聲、自然加上柔性的東西方樂器、神祕的電子合成音樂……引我們進入一次神奇的自然冥想之旅。音樂冥想的目的就在於使人獲得身心的平和與安寧。一首首純淨的音樂，彷彿一道道散發能量的光芒，慢慢地釋放心靈的毒素，使身心呈現安定、愉快、心曠神怡的美妙感覺。

　　從五千年前的黃帝內經，到近代西方的音樂治療理論，

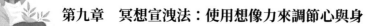

都強調也證明了音樂有調節身心的功能，可以幫助身體機能和情緒達到平衡，所以音樂冥想療法近年來成為了深受全球醫學界重視的一種治療方法。音樂冥想療法源於歐洲，可以說是歐洲的傳統醫術之一，在歐洲許多家庭都會在家中準備一本光碟以備不時之需。不同音樂有轉化不同負面情緒的效果，令心理上的傷口一一被修補，使人能夠以健康的身體、滿溢的心靈去迎接新一天的挑戰。

　　音樂冥想比傳統的冥想靜坐方式要更輕鬆簡單，適合忙碌紛繁的現代人，尤其是冥想初學者，他們往往無法進入「專注於一點」形式的冥想，因為那需要強力的專注，密集的鍛鍊，以及對各種冥想問題的克服，如昏沉、散亂。音樂冥想還可以呼喚情感，觸動感情中心，不需要過度仰賴概念中心的分析，或是身體中心的運動，而能直接觸發心靈感受。

　　下面我們就來簡要介紹一下音樂冥想的基本方法：

1. 以放鬆的姿勢伸展背部，肩膀放鬆，然後輕輕地閉上雙眼。耳朵傾聽著美妙音樂的同時，慢慢地呼吸。

2. 先盡可能地呼出體內的濁氣，然後用鼻子吸氣，讓肚子鼓起來。同時，去感覺吸入周圍的一切喜悅，一邊在心裡說「太好了」！一邊吸進新鮮空氣；也可以想像著吸進了許多宇宙的能量。

3. 接著用鼻子吐氣。這時，想像自己接受了喜悅，以感謝

的心情在心裡說「謝謝」！同時心中描繪自己送出內心淨化了的能量的影像。

4. 冥想中什麼都不要考慮，只要全身心地沉浸在喜悅和感謝之中即可。

進行音樂冥想時，音樂的選擇很重要。不同的音樂能帶給人不同的心靈境界，但一般以柔和、愉快、輕鬆的音樂為佳。

當我們出現焦慮、憂鬱、緊張等不良心理情緒時，不妨試著在音樂冥想中看看「多瑙河之波」，逛逛「維也納森林」，坐坐「郵遞馬車」，讓自己在短時間內放鬆休息，恢復精力。

沉思冥想鬆弛神經

沉思冥想比身體運動更有益於身心健康，它可以鬆弛神經，提高身體免疫力，還可以穩定血壓、減慢心跳。

有一位神經衰弱病人，整天全身疼痛，多種檢查皆無結果，服用中西藥均無效果。後來，有醫生每天給病人出幾道數學題，或讓其寫一篇作文，10 天以後，病人睡眠安穩，疼痛消失。醫生說，這是透過沉思冥想，引導病人對一些事物

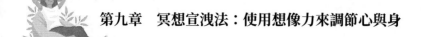

進行思考，以擺脫和對抗病態情緒，從而使病情好轉。

沉思冥想可以緩解身體的緊張狀態，這是一個意志和精神戰勝病的過程。病人透過思想的放鬆，由消極轉變為積極，從而發揮戰勝疾病的效果。沉思冥想法是一種以靜養方式，但它比身體運動更有益於身心健康，它可以鬆弛神經，提高自體免疫力，還可以穩定血壓、減緩心跳。

美國哈佛大學一位醫學家曾指出：「一個人身心過度緊張，會削弱體內免疫系統的機能，冥思遐想帶來的完全鬆弛，會減緩身體的緊張，是防治許多疾病的有效方法。」美國耶魯大學醫學教授伯尼·塞格爾認為，沉思冥想可以治療包括心臟病、關節炎等多種疾病，甚至可以治癒和預防愛滋病和癌症。荷蘭的醫學研究證明，沉思冥想者比其他人的致病率低 50%，在威脅生命的重病比率方面，更低達 87%。

《美國心臟病學雜誌》曾發表了一篇論文認為，沉思冥想不但有助於修煉，它還能大大降低高血壓患者患心血管疾病的概率。研究人員對 202 位平均年齡在 72 歲的高血壓病人，進行了長達 18 年的追蹤調查，最後發現，練習沉思冥想的病人，動脈壁厚度明顯縮小，患心血管疾病的概率比對照組要低 30%。

對於孕婦來說，經常沉思冥想也將獲益匪淺，不僅可以增強免疫功能，還可讓左腦語言中樞從緊張中解脫，並處於休息狀態，在右腦充分發揮其直觀的形象思維能力之時，使

善於語言思維和用右手勞作者容易發生的左腦疲勞消失，還給人的身體「充電」。由於母嬰「同心同體」，孕婦美好的心靈感受產生的有益於機體的激素、酶、乙醯膽鹼也將「優及胎兒」。

沉思冥想的具體鍛鍊步驟是：背靠椅上，頭部順其自然，或靠或斜均可，閉目靜思。沉想物件最好是以往的愉快事情，也可以是大自然美好的風光如藍天、白雲、草地等，或者是曾去過的旅遊名勝，或者僅是在圖片上見過名山大川等等。任憑豐富的想像，使自己幻游於海寬天闊之間，達到精神灑脫，飄飄欲仙的程度。沉思冥想每天可進行 2 ～ 3 次，每天 10 ～ 20 分鐘，必須在進食 2 小時以後進行，以空腹為宜，如早餐前或睡前做效果更佳。

沉思冥想不再是思想家、哲學家的專利，我們如果希望自己活得健康，活得灑脫，就該多沉思冥想！

瑜伽冥想緩解壓力

瑜伽冥想能使人內心更為平靜，也會感到自己少一點緊張、怒氣等等。從某個意義上說，由於人的免疫系統是和人的心態緊密相連的，可以說，瑜伽冥想也是最強有力的預防性醫藥。

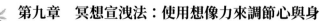

冥想是瑜伽中最重要的內容。瑜伽冥想可以使人拋開種種物質欲念，緩解壓力，修復人體受損的細胞，而這是深度睡眠也無法達到的，它可以修復因分神過多造成的衰老。瑜伽冥想是確保身體與精神兩方面都受益的方式，能使人達到性情平和的狀態，消除他們的煩惱和恐懼，還能夠讓人放棄那些對人體健康極具摧殘力的壞習慣，如飲酒、吸煙等。

下面我們就來簡要介紹一下瑜伽冥想的基本方法：

1. 開始練習冥想的時候，要暫時放下一切的思緒，全身放鬆，全部的意念集中在身體上，把自己的處境幻想成一個鳥語花香的地方，使身心得到放鬆。放鬆後的身心，會使整個人感覺就像是漂浮在空中，什麼煩惱雜念都沒有了，彷彿這個世界就只有自己一個人存在。

2. 選擇一個讓自己感覺很舒服、放鬆的姿勢來練習。如果可以的話，用全跏趺坐（禪坐冥想中已介紹）的姿勢；如果我們不能做這樣的姿勢，則可以選擇半跏趺坐（禪坐冥想中已介紹）或簡易坐（左腳腳心貼在右大腿內側，右腳腳心反方向貼在左小腿內側，雙腿儘量平鋪在地板上。）來練習。

   以上各種坐法，雙手食指和大拇指指尖靠在一起，其餘三指放鬆，但不彎曲，掌心向上，放在膝蓋上。讓背部、頸部和頭部保持在同一條直接上，背勿靠壁。面向北面

或者東面。正確、穩定的坐姿是冥想成功的關鍵，因為不穩定的姿勢會使思想、意識也變得不穩定。

3. 先做 5 分鐘的深呼吸，然後讓呼吸平穩下來，建立一個有節奏的呼吸結構：吸氣 3 秒，然後呼氣 3 秒。

4. 如果我們的意識開始游離不定時，就把它輕輕地引回來。既不要強行集中注意力，也不要讓我們的意識毫無控制地東盪西遊，散漫無歸。安靜下來以後，讓意識停留在一個固定的目標上面，可以在眉心或者心臟的位置。

5. 利用自己選擇的冥想技巧進入冥想狀態。在冥想中，我們要清晰地體驗模糊不清的情緒，包括積極正面的情緒和消極負面的情緒，仔細回顧負面情緒產生的全過程，在哪個環節上作出了不符合事實的判斷，或者是回想快樂的時光、甜蜜的回憶。

6. 約 15 分鐘的冥想後，最後是要調整呼吸，透過丹田運氣來調節，從而排出體內濁氣。這時，整個人昏昏入睡，身心全放鬆了，靜靜地享受這份難得的寧靜與輕閒。

在進行瑜伽冥想時，還應注意以下幾點：

1. 清晨和睡覺前是做冥想的最佳時候，其他時段只要我們有空閒都可做，但應避免儘量不在冥想前吃東西，或在飯後立即做冥想，否則會影響我們集中精神狀態。

2. 選擇一個專門的沒有干擾的地方來練習，這樣可以幫助

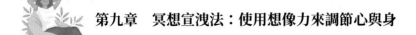

我們找到安寧感，易於進入瑜伽冥想狀態。利用相同的時間和地點，會讓精神更快地放鬆和平靜下來。

3. 在冥想的過程中，要保持身體溫暖，比如天涼時我們可以給身體圍上毛毯。

4. 如果我們利用一種冥想方式練習幾次都感覺不舒服，那麼我們可以放棄這種方式而選擇另外一種更合適自己的方式。

5. 練習瑜伽冥想要循序漸進，開始時試著每天做 1 次冥想，以後可以增加到每天 2 次。冥想的時間應由 5 分鐘慢慢地增加到 20 分鐘或者更長，但不要強迫自己長時間地靜坐。

6. 練習瑜伽冥想不能心急，不要期望在很短的時間內就達到預期的效果。

燭光冥想擺脫雜念

燭光冥想可以讓人放下所有的私心雜念，感受當下的內在平靜，可以使人解除壓力，從而使心靈更加平靜、精神更加飽滿，自信心無形增強。

修煉瑜伽的第一步，是消除體內的毒素，保持人體所有器官的清潔和暢通。為了達到這個目的，古代瑜伽師創造了 6 種淨身之術，包括淨鼻術、潔身術、摩腹術、灌腸術、

淨額術和集中凝視法。其中集中凝視法，就是現代人所說的燭光冥想法。其實凝視任何讓人心情愉悅的物體都可以，花朵、雕塑等等，但人對燭光的敏感度很高，很容易集中精力去凝視，因此「凝視燭光」也就很出名了。

　　燭光冥想可以讓我們學會如何放鬆自己，如何找到平靜的內心世界。透過凝視燭光和在腦海裡捕捉火焰的影像，我們會逐漸進入冥想狀態，從而放下所有的私心雜念，感受當下的內在平靜。常練習可以使人解除壓力，從而使心靈更加平靜、精神更加飽滿，自信心無形增強，同時燭光冥想還可以有效緩解眼部疲勞，放鬆眼部肌肉，促進眼部血液循環，加強視力，因為在進行冥想的過程中眼淚會流下來，而流出的眼淚又可以排出眼中的雜質，使眼睛內部得到一個清洗。

　　下面我們來簡要介紹一下燭光冥想的基本方法：

● 準備動作

　　蠟燭火苗的高度要和眼睛處於一個水準位置，身體距離蠟燭一臂半左右。視力較弱者對燭光的刺激更敏感，因此要稍微遠離燭光。如果單眼的度數高於 400 度，那麼距離應在 2 公尺左右。練習過程中，可以戴框架眼鏡，但不能戴隱形眼鏡，因為練習中很可能會流淚，從而讓隱形眼鏡移動，刺激角膜。做過眼部手術的人（如近視眼手術）最好先諮詢醫生，一般是術後 3 個月可做燭光冥想，患有憂鬱症的人不可

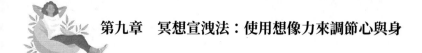

以進行燭光凝視。

　　盤坐或者跪坐的姿勢都可以，但是要注意不要弓腰駝背。如果選擇盤坐姿勢，要讓膝蓋低於髖關節，柔韌性差的人可以用墊子將臀部墊高，這樣能保證腰背部在練習過程中是伸直的。

● 眼部放鬆

　　閉上眼睛，深深的吸氣，緩緩的呼氣，腰背挺直，全身放鬆。首先將頭轉向左側，視線落在左肩後方，再將頭轉向右側，視線落在左肩後方。然後是向上看，當我們的眼睛朝上看的時候，我們的視線應集中在鼻子上，最後是下方，儘量讓你的下顎抵住鎖骨。注意動作緩慢、均勻，然後做 5 個深呼吸，睜開雙眼。接著是活動眼球，上下左右連續轉動，每個動作的間隙，可以閉上眼休息一會兒，感覺心是完全的靜止狀態。

● 燭光冥想

　　做完眼部放鬆動作後，慢慢睜開眼睛，睜開眼時，我們的視線不要直接落在燭光上，而是逐漸地從你的膝蓋移到面前的地上，再抬高視線至燭臺的下方，最後移到燭光上去凝視。凝視時眼睛要放鬆，儘量不要眨眼，直到非眨不可後迅速睜開凝視燭光，等到感覺眼淚要流下或已流下時，緩慢收

回眼光閉上眼睛，把掌心弓起，使手掌成碗狀扣在雙眼上，停留 5 ～ 7 個呼吸，放鬆一下。然後睜開眼睛直接凝視燭光，感覺眼睛發酸、眼淚要流下或已流下時閉上眼睛，雙掌相合揉搓後扣在眼睛上，讓眼睛稍作休息。這個時候如果夠專注，我們的眉心會出現蠟燭的火光，用意識將它牢牢地抓住，火光會越來越小，當眉心的火光消失了，我們再睜開雙眼繼續觀注燭光……這樣反覆注視燭光大概 10 分鐘。

● 全身放鬆

最後，讓自己平躺下來，全身放鬆。放鬆完畢，深吸氣，身體坐立起來，吹滅蠟燭。

在進行燭光冥想時，還應注意以下幾點：

1. 練習過程中，請注意手心不要碰觸眼睛，此時眼睛非常敏感，讓眼淚自然流即可；
2. 在練習中，只要是舒服的，就不要以任何理由、任何方式移動身體；
3. 在暗室中練習時要保證空氣流通，因為蠟燭在燃燒時，有少量的鉛，對人體有害，空氣的流動可減少傷害，但以不使燭光過度晃動為宜；
4. 練習最好是晚上做，這樣還可以改善睡眠品質；
5. 練習過程中可能會有流淚或眼睛酸脹的感覺，這是正常

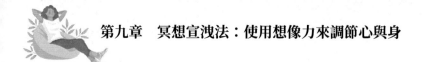

的現象，如果感覺非常難受且的確無法集中精神，可以
放棄而選擇其他冥想方法。

第十章
呼吸宣洩法：一呼一吸解千愁

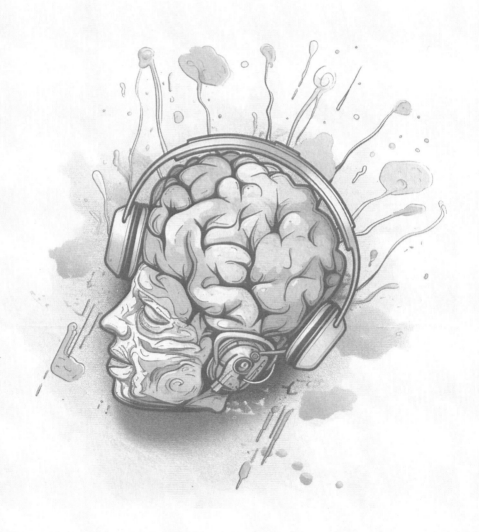

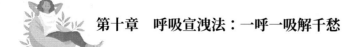

《黃帝內經》中講「呼吸精氣，獨立守神」。可見「呼吸」是一把健康的鑰匙。德國偉大詩人和思想家歌德就曾發出這樣的讚嘆：「一呼一吸，是上帝的恩典，使得生活美妙無邊。」呼吸對於人們來說太平常，以至於我們常常忽視了呼吸鍛鍊的作用與重要性。其實，正確的呼吸方式不僅可以改善睡眠、增進健康，而且還與情緒和大腦狀態有根本的聯繫，呼吸和情緒是相互依賴的，如果我們能調整呼吸，就有可能調整情緒的波動。

正確的呼吸是給我們的身體打氣

透過呼吸調節，很容易將人的「注意力」從情感的衝動源轉移到自身的呼吸上，將自己的精神統一到呼與吸的行為上，從而達到控制衝動、平息激情、恢復理智、實現自製的目的。

中國有句古諺：「掌握呼吸，行沙土而不留足跡。」從這句古諺中可以說明，中國古代就知道正確的呼吸能增進生命的活力。《黃帝八十一難經》第八難中說：「所謂生氣之原，謂十二經之根本也，謂腎間動氣也。此五臟六腑之本，十二經脈之根，呼吸之門，三焦之原。一名守邪之神。故氣者，人之根本也，根絕則莖葉枯矣。」可見，「呼吸」是一把健

康的鑰匙。德國偉大詩人和思想家歌德就曾發出這樣的讚嘆：「一呼一吸，是上帝的恩典，使得生活美妙無邊。」

呼吸的影響力不僅僅是在身體方面，它與情緒、思想更是息息相關。例如，當我們受到驚嚇時，會倒吸一口氣並屏住呼吸；當我們感到疲勞和煩悶時，我們的呼吸會被拉得很長，會打呵欠；當我們感到生氣或難過時，呼吸就變得沒有規律而且起伏很大；當我們感覺緊張，擔心或焦慮時，呼吸就會變得很淺，並且非快既慢；當我們心情愉快時，就會變得平穩、徐緩。而不當的呼吸方式，會讓人變得容易精神緊張、燥鬱，負面的情緒及壓力自然無法得到釋放與舒解。因此，如果我們能控制呼吸，就有可能減少情緒的波動，在任何時候我們都能夠選擇均勻、平緩的深呼吸。

關於呼吸與情緒的關係，阿拉伯醫學家阿維森納的《醫典》第 1091 條說：「呼吸於是就在原創力的混合體中產生，並逐步接近神聖生命體。它是一種發亮的物質，是一束光線。」 第 1092 條中又說，「這就是當人看到光明時心中充滿喜悅，處於黑暗中便感到失落的緣由。光明與呼吸是和諧的，黑暗卻恰恰相反。」從 1088 條至 1115 條，阿維森納全面論述呼吸與體液配屬和四原性（即寒、熱、燥、溼）的關係，最為突出的是呼吸狀態與人類心理情緒的聯繫。阿維森納在論述各種情緒怎樣產生傾向它自己的呼吸模式時說，每

一個引起高興或憂傷的刺激，除了取決於呼吸物質的性質和數量外，還應當考慮到其他的影響因素，如心中的情感。人透過改變四性配屬，或調整呼吸，或增加呼吸量，從而趨於快樂。相反，外界刺激則將趨於產生傷悲。

在氣功、瑜伽的訓練中，歷來也都重視呼吸的作用，它們利用呼吸去實現不同的目的。因為調節自身的呼吸方式對於情感、情緒的自控有獨特功效。透過呼吸調節，很容易將自己的「注意力」從情感的衝動源轉移到自身的呼吸上，將自己的精神統一到呼與吸的行為上，從而達到控制衝動、平息激情、恢復理智、實現自制的目的。

呼吸是我們心理健康的反映，改善呼吸對許多有情緒障礙的患者是有效的醫治良方。美國精神衛生學家亞歷山大曾經研究抑制呼吸對情緒造成的障礙。根據觀察，精神分裂症病人多趨向使用上胸部呼吸，而神經症病人則用表淺的橫膈式呼吸。因此，有的醫生教會病人採用正確的呼吸方式能說明病人逐漸恢復正常生活。

現在，我們就應該改進一下呼吸習慣，學習正確的呼吸方法，以此來減輕焦慮、緊張，增進意識、清醒頭腦、充沛精力。當我們與人爭論而氣惱時，或正準備作首次演講和演出而感到緊張時，或正設法解決一個難題而感到焦慮時，建議我們停下來，做幾次深呼吸。這時，我們就會感到鬆弛，

不那麼緊張了，不再皺眉頭、發脾氣，而是胸寬郁解、輕鬆愉快地微笑了。

最後，我們再來說一下深呼吸的具體做法：閉目坐在椅子上，努力使自己的心情平靜下來，然後慢慢地、較深地吸氣，緩慢而有節奏地吸氣。充分吸氣之後，幾秒鐘之內停止呼吸，然後把氣徐徐吐出。吐氣時，要比吸氣時更慢。一邊做這樣的深呼吸，一邊在每次吐氣時心中數著「1、2、3……」連續反覆多次後，肌肉會從緊張進入鬆弛的狀況，可以使緊張的情緒得到相應的緩解。

腹式呼吸解決緊張情緒

> 多練習腹式呼吸，可以讓身體獲得充足的氧氣，能有效舒解壓力，消除緊張情緒，讓人精力充沛。

壽命長的動物，大多是以腹式呼吸為主的，如烏龜的壽命可長達 1,000 年。明代養生學家冷謙在《修岑要旨》中記載：「一吸便提，氣氣歸臍；一提便咽，水火相見。」其中包含了腹式呼吸、提肛、吞津三個要旨，數百年來成為人們養生益壽的祕訣。

為什麼腹式呼吸對人體如此重要呢？因為腹腔內藏著除心、腦、肺之外的全部臟器，包括消化系統、造血系統、泌

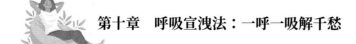

尿生殖系統及內分泌系統、淋巴系統的一部分，並擁有大量的血管、神經，因此腹腔是非常重要的。

　　人在學會直立行走以後，就逐漸變為胸式呼吸了，可這種呼吸方式會導致胸部橫膈膜的運動較小，使呼吸多集中在肺部的上、中部進行，這樣就造成了肺的偏廢和偏用，再加上人人都有一條皮帶，更限制了腹式呼吸。如此長期偏用偏廢的結果是致使肺的下部組織萎縮，甚至纖維化，從而損害健康。

　　如果每次都透過腹部呼吸，可使中下葉全部肺泡及時開發，還會透過腹壁的前後運動、膈肌的上下運動使腹內胃、腸、肝、膽、脾、腎等器官得到運動，有利於加強這些臟器的氣血循環和發揮它們的正常功能。

　　腹式呼吸也是一種良好的按摩，可以促進胃腹運動，改善消化機能。腹肌又是排便的動力肌，有規律的腹式呼吸還能防止習慣性便祕。

　　當然，最重要的是，這種呼吸方式是緊張時的一劑「紓壓藥」，多練習腹式呼吸，可以讓身體獲得充足的氧氣，能有效舒解壓力，消除緊張情緒，讓人精力充沛。在任何時候，如交通堵塞時、參加重要面試時、在考試過程中，或下班後仍無法從緊張忙碌的狀態中脫離出來時，都可以進行腹式呼吸。

那麼如何進行腹式呼吸呢？腹式呼吸的方法並不複雜，具體方法有兩種：

- **順式呼吸**：盤腿而坐，全身放鬆，兩手自然放在膝蓋上，頭微微下垂。呼吸時下腹部要暗暗用力，吸氣時，腹部鼓起；呼氣時，腹部縮緊。

- **逆式呼吸**：就是反過來，吸氣時將腹部收縮，呼氣時再把腹部鼓起。做腹式呼吸時要注意以下幾點：一是呼吸要深長而緩慢；二是用鼻呼吸而不用口呼吸；三是一呼一吸掌握在 15 秒鐘左右，每次 5 ～ 15 分鐘，當然時間再長一點更好；最後一點就是呼吸過程中如有口津溢出，可徐徐下嚥，不要吐出。

當我們習慣了運用腹式呼吸，做平穩順暢的深呼吸後，我們會發現，即使在一整天繁忙的工作後，依然活力充沛，精神奕奕。如果能在睡前練習一下腹式呼吸，我們將能獲得一夜好眠；上班時若是覺得精神不繼、疲倦煩躁的話，抽空做個腹式呼吸，也能有助於我們保持頭腦冷靜清醒，做出正確果斷的決策。

冥想呼吸幫助擺脫焦躁

冥想是瑜伽修煉過程中重要的一環，正確的呼吸法搭配
冥想，更能喚起內在的能量與潛能，平撫情緒，幫助我
們擺脫壓力和焦躁情緒。

冥想是瑜伽修煉過程中重要的一環，正確的呼吸法搭配
冥想，更能喚起內在的能量與潛能，平撫情緒，幫助我們儘
快擺脫壓力和焦躁情緒。

睡前是練習冥想呼吸的最好時機。躺在鬆軟的床上，先
做幾組深呼吸使身體平靜地放鬆下來；然後閉上眼睛，保持
呼吸平緩，盡力去想像草原、大海那一望無際的畫面，想像
綠色、藍色，想像自己身處其中、無拘無束……同時感覺自
己身體上的變化。進行多次的冥想練習後，就可以嘗試進
入冥想呼吸了：「深呼吸 —— 放鬆 —— 均勻呼吸 —— 藍
色 —— 大海 —— 一望無際 —— 放鬆 ——」練習完以後，
整個人會變得心情平和，壓力盡去。

下面再給大家介紹一種日出冥想呼吸。這個日出冥想呼
吸把體位、調息和冥想的練習和益處結合在一起，透過脊椎
張力發出的熱量將很快傳遍我們的全身，而我們的心裡卻同
時將變得非常專注、柔順和平靜。以下就是日出冥想呼吸的
基本方法：

1. 盤腿坐，或簡易坐均可，背部挺直。
2. 雙手放在肋骨兩側，掌心向上，肩部放鬆，保持自然呼吸。
3. 深吸一口氣，然後一邊呼氣，低頭，一邊雙手翻轉，手臂伸向身後，並儘量伸直靠攏，呼盡。
4. 慢慢吸氣，抬頭挺胸，臉朝上，同時雙臂從身體後側慢慢上舉，手掌在頭頂相碰，然後分開，脊椎感覺向上拉伸並略後彎，手臂感覺正抱著一個很大的能量球。吸滿，屏氣，保留 5 秒鐘或者更長。
5. 慢慢呼氣，雙手在頭頂合十後，慢慢沿著身體中線放下，從額頭到鼻尖到胸口到肚臍，脊椎前曲，含胸，就如鞠躬一樣。
6. 再次吸氣，打開雙手，掌心向上，向前伸出，並慢慢抬高直至頭頂。這個過程脊椎逐漸挺直。
7. 慢慢呼氣，雙手慢慢降落，從頭頂上方，到面部前方，到胸部前方，呼盡時，回到肋骨兩側。
8. 重複以上動作，練習 8 ～ 15 分鐘。
9. 結束時，雙手從肋骨兩側放下，右手放在左手的掌心裡，大拇指輕輕相觸。保持平和的呼吸。

在練習過程中，眼睛可閉上或微微張開，若睜開請專注於鼻尖。練習最佳時間是早上，最好面對太陽方向。

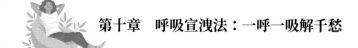

瑜伽呼吸趕走壞心情

修煉瑜伽之所以能夠有效解除壓力，一個重要的因素便是「正確的呼吸」，透過呼吸方式的調整，藉以放鬆心智意念，同時提升精神能量，趕走壞心情。

壓力除了讓人感到疲憊之外，還會影響到消化系統及體內其他器官的運作，現代人常有的背痛、偏頭痛、失眠等文明病，都是因為壓力而來。《瑜伽經》中有云：「改變你的呼吸，就改變了你的身體；改變你的呼吸，就改變了你的心靈；改變你的呼吸，就改變了你的命運。」瑜伽之所以能夠有效解除壓力，一個重要的因素便是「正確的呼吸」，透過呼吸方式的調整，藉以放鬆心智意念，強化器官正常運作，同時提升精神能量，趕走壞心情。

首先，我們來介紹一下完全瑜伽呼吸法。從呼吸的部位來分，呼吸一般可分為腹式呼吸、胸式呼吸和腹胸式完全呼吸。其中，完全瑜伽呼吸法結合了腹式呼吸和胸式呼吸的特點，呼吸效果最好。尤其在生氣或緊張時練習，可以很快使情緒平靜下來。

完全瑜伽呼吸法包括呼氣、吸氣和屏息 3 個部分。

- **呼氣**：採用一種放鬆的姿勢坐著或站著，挺直背部和頭部，雙臂放在腿上或自然下垂。開始時緩慢呼氣，用

收縮腹部的方法把氣體趕出腹腔，當腹腔完全凹進體內時，開始緩慢的收縮肋骨，最後可以將體內剩餘的氣體趕出胸腔。

- ■ **吸氣**：在腹腔和胸腔完全凹陷的同時停止呼吸，保持2～3秒鐘後進入吸氣階段。先放鬆肋骨，讓氣體緩慢的充滿胸腔，繼續輕輕吸氣，緩緩的放鬆腹部，腹部漸漸鼓起。

- ■ **屏息**：剛開始練習時，呼氣和吸氣各保持 5 秒鐘，而屏息只需要保持 2 秒鐘即可，之後慢慢延長呼氣，吸氣、屏息的時間。

初學者可以每天練習 5 ～ 10 遍，逐漸延長練習的時間到 10 分鐘。在練習時要時刻觀察自己的身體變化，如果出現呼吸困難的情況這說明所採取的時間對自己不合適，需要調整呼氣，吸氣、屏息的時間。

當人感到緊張和害怕的時候，身體會變得僵硬，交感神經異常活躍，使全身處於一個興奮的狀態，從而減退了大腦的思考力，往往會作出不冷靜的判斷和錯誤的決定。而瑜伽鎮靜呼吸法就是針對這種情況提出的呼吸方法。以下是它的基本方法：

1. 伸出左手，伸直 5 個手指，掌心向上。
2. 用右手拇指按住左手掌心，其餘 4 指握住左手手臂。

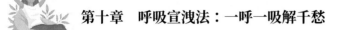

3. 慢慢呼氣，意念集中在拇指上，慢慢地加大拇指向下的
　 按壓力量，雙眼注視右手拇指，持續 5 ～ 8 秒。

4. 慢慢吸氣，靜靜地撤去右手拇指上的力量，此過程持續
　 5 ～ 8 秒。

5. 左右手互換，重複 3 次。

　　用瑜伽鎮靜呼吸法，加力在腰與拇指上，去除上半身的
緊張，由此來控制呼吸，心自然就平靜下來了。

　　最後，我們再來給大家介紹幾個能趕走壞情緒的瑜伽呼
吸法：

■ **坐式前彎呼吸法**：坐於床上或地板上，上身正直，兩腿
　 在體前儘量分開，膝關節保持向上，勾腳；上半身從
　 髖部開始緩慢地向前彎，背部保持平直，胸部打開；要
　 注意的是，胸部要先接觸地板或床，而不是頭部；大腿
　 後側穩定地貼在地面；練習時進行深呼吸；隨著每次呼
　 氣，加大前彎的幅度。當我們感覺焦慮不安的時候，可
　 以試試這個平靜舒緩的姿勢。

■ **站立後彎呼吸法**：站立，兩腳併攏，收腹；兩臂同時從
　 體側上舉至頭上，掌心相對；延伸脊椎，髖關節向前
　 頂，上半身輕緩地向後彎；感覺腹部和胸部有明顯的拉
　 伸感。如果我們在陌生的環境或人多的場合總是局促不

安、缺乏自信,那麼,利用這個姿勢可以為我們注入勇氣和膽量!

- **站立斜角度呼吸法**:站立,兩腳併攏。右腳向右側跨出一大步後屈膝;左腿伸直;然後右臂向上伸直,貼在耳側,並向左腿方向微微傾斜;吸氣時,儘量使肋骨鼓起並提升;呼氣時,加大右臂的傾斜程度;換另一側做。在我們感覺筋疲力盡時,利用這個姿勢可以為我們增添活力。

紓壓呼吸操為身體注入燃料

有效舒緩壓力的方法,最簡單莫如利用呼吸。生活在現代社會的人們往往壓力很大,如能每天做紓壓呼吸操,可以使人的心神逐漸寧靜下來,減輕壓力。

呼吸把氧氣充滿肺部,就像為身體注入燃料,同時又把肺內的廢氣呼出。當我們受到壓力時,身體便需要大量燃料,導致呼吸急促心跳加快,但是短促的呼吸對增加氧氣、呼出濁氣並不有效和健康的方法。不正確地呼吸會帶來焦躁勞累,要把壓力平復下來便更難了,而舒緩壓力的最重要方法是學會正確地呼吸,並且在面對壓力之時,懂得利用呼吸去平靜和放鬆自己。

下面是醫學專家為現代人專門設計的一套紓壓呼吸操，每天做一做，可以使人的心神逐漸寧靜下來，減輕壓力，同時還能增強心肺功能。這套紓壓呼吸操共 8 節，每節重複做 3～4 次，最好安排在早、晚做。具體做法如下：

● **第 1 節：腹式呼吸**

（前面已作專門介紹，這裡不再贅述）

● **第 2 節：胸式呼吸**

1. 深吸氣，使胸不斷擴張，然後不間斷地慢慢把氣呼出。

2. 將兩手掌按在鎖骨上，上胸部擴張，吸氣，然後呼氣；呼吸要均勻，節奏可逐漸加快。

3. 站立，兩臂交叉於胸前，身體稍向前傾，緩慢呼氣；同時，兩臂慢慢上舉，以擴張胸部，然後吸氣。

　　此呼吸可逐漸改善或增加肺活量。

● **第 3 節：腰式呼吸**

1. 站立，兩腳分開與肩同寬，挺直腰背；慢慢呼氣，同時，兩臂從右側上舉，慢慢向下彎腰，兩手手指觸及右腳足背，收縮腹肌，呼盡餘氣。

2. 用鼻慢慢吸氣，慢慢直腰，兩臂從左側上舉，伸直，放鬆腹肌，盡力鼓腹；左右交替進行。

3. 站立，兩臂交叉於腹前，彎腰向前，同時呼氣，呼氣完
   畢時，上身還原，兩臂向兩側分開，然後吸氣。

   此呼吸可減輕來自身心對腰部的壓力。

● 第 4 節：坐式呼吸

1. 坐於椅上，肘部支撐於椅子扶手上，兩手掌心貼於腹部，
   放鬆肩、背；用口慢慢呼氣，同時收縮腹肌，兩手施壓
   於腹，呼盡餘氣；然後用鼻吸氣，擴張胸廓，放鬆腹肌，
   吸氣時盡力鼓腹。

2. 坐於椅上，兩腿分開，兩臂放鬆下垂，上身稍向前傾；
   用口慢慢呼氣，上身漸漸向下，直至下頷觸膝，同時收
   縮腹肌，呼盡餘氣；然後用鼻吸氣，抬頭，上身逐漸挺直，
   直至背部靠於椅背，放鬆腹肌，使腹部鼓起。

   此呼吸可以減輕疲勞，如早上練習，心情更為舒暢。

● 第 5 節：臥式呼吸

1. 仰臥，兩手放於腹部，兩腿伸直，全身放鬆；用口慢慢
   呼氣，雙手逐漸加壓於腹部，收縮腹肌，呼盡餘氣；隨
   後用鼻吸氣，慢慢擴張胸廓，兩手逐漸紓壓，使腹肌放
   鬆，逐漸鼓起腹部。

2. 仰臥，慢慢呼氣，右膝緩緩屈起，雙手抱住右膝靠近腹
   部，並逐漸用力加壓於腹部，使腹肌收縮；鬆開雙手，

慢慢吸氣，右膝緩緩伸直，放鬆腹肌，吸氣末盡力鼓腹；
左右兩側交替進行。

3. 仰臥，兩手平放於身體兩側，閉眼，然後深吸氣，同時
   慢慢抬起雙臂，舉過頭部，貼緊兩耳，手指觸床頭；屏
   氣 10 秒鐘，接著慢慢吐氣 10 秒鐘，雙臂同時還原；反
   覆 10 次。

此呼吸有催眠作用，可使人在心緒不寧、難以入睡時很
快進入夢鄉。

● 第 6 節：深度呼吸

1. 站立，全身放鬆，用鼻吸氣，用口呼氣；先把氣全力呼出，
   然後自然吸氣。

2. 做深呼吸，吸氣時，依次鼓腹、擴張胸部、擴張上胸部，
   使胸、腹腔處於「飽和」狀態，然後再逆序呼出氣體。

3. 慢慢用鼻吸氣，胸壁儘量外挺，然後屏住呼吸 5 秒鐘；
   待肺部吸足氧氣後，再用口慢慢呼氣。

此呼吸可鬆弛身心，釋放體內廢氣。

● 第 7 節：淨化呼吸

1. 站立，兩腳開立同肩寬；用鼻做深吸氣，同時，兩臂緩緩
   經體側平舉至上方；待吸足氣後（兩臂恰成上舉），兩臂

急速下放似「揮砍」，張口吐氣的同時高喊一聲「哈」。

2. 站立，用鼻孔深吸氣，同時閉眼，想像吸進的空氣是藍色、淡黃色或綠色的，並儘量讓身體各部分都感受到這一顏色；當肺內空氣飽和時，屏氣10秒鐘，同時想像體內空氣中充滿了種種的煩惱，最後讓空氣從鼻孔連同剛才想像中的煩惱一起呼出。

3. 站立，左腿向腹部彎曲，雙手抱住左腿，以膝壓腹時呼氣，還原時吸氣；換右腿進行。

4. 站立，兩足併攏，身體下蹲，雙手抱膝呼氣，還原時吸氣。

此呼吸有助於消除精神緊張，並能使長期鬱積在肺部的濁氣排出，使人感到全身放鬆，充滿活力。

● **第8節：節律呼吸**

1. 走3～4步用鼻吸氣，再走3～4步用鼻呼氣；步速與呼吸節律要很好地配合。

2. 先吸足氣略憋片刻，再將嘴噘成圓形向外急速呼氣3次。

3. 先吸足氣，然後略憋片刻，最透過齒縫向外呼氣，並發出「嗤嗤」聲。

此呼吸可放鬆四肢關節，活動全身肌骨，氣血順暢，增加全身活力。

除煩呼吸操輕鬆去煩惱

運動實驗證明，呼吸中樞引發的衝動會沿著神經系統擴展到全身，從而發揮調節神經系統的作用，並可消除煩躁情緒。

經運動專家實驗證明，人的呼吸中樞引發的衝動會沿著神經系統擴展到全身，從而發揮調節神經系統的作用，並可消除煩躁情緒。有醫學家曾為心緒不寧者創編了一套除煩呼吸操，每天做一做，可以使人的心神逐漸寧靜下來，保持清醒的頭腦。這套除煩呼吸操共 8 節，每節重複做 3 ～ 4 次，最好安排在早上和晚上做。具體做法如下：

- 第 1 節：**化怒呼吸** —— 站立，用鼻吸氣 8 ～ 10 秒，然後足尖著地，腳跟離地，屏息 5 ～ 7 秒，再用口吐氣約 10 秒，同時腳跟緩緩著地。如此循環 6 ～ 10 分鐘。
- 第 2 節：**化焦慮呼吸** —— 先用鼻猛吸氣，接著大口吸氣，然後大口吐氣；如此循環 4 ～ 6 分鐘。
- 第 3 節：**化鬱呼吸** —— 用手指壓住任一個鼻孔，用鼻吸氣 6 ～ 8 秒，屏息 6 ～ 8 秒，然後用口緩緩吐氣 8 ～ 12 秒，如此循環 6 ～ 8 分鐘。
- 第 4 節：**化疲勞呼吸** —— 用鼻吸氣 5 ～ 8 秒，屏息 5 ～ 8 秒，然後以口吐氣至一半時，接著用口猛吸氣至腹部

後慢慢吐氣，如此循環 4 ～ 6 分鐘。

- 第 5 節：**安神呼吸** —— 數「1」時吸氣，數「2」時吐氣，吐至一半時，將餘氣吸入腹部，如此循環，經常練習有助於睡眠。

- 第 6 節：**緩慢呼吸** —— 先用鼻吸氣 7 秒鐘，然後吐氣 8 秒鐘，即以每分鐘呼吸 4 次的速度呼吸，2 ～ 3 分鐘後，緊張感就會煙消雲散。

- 第 7 節：**助眠呼吸** —— 用鼻快速吸氣，然後用口慢吐如絲，儘量悠閒吐氣，如此循環調息，至每分鐘呼吸 5 ～ 6 次。

- 第 8 節：**丹田呼吸** —— 站立、坐下或躺下均可，放鬆全身，閉眼，以「哈、哈、哈」的方式逐漸將氣吐盡，然後慢慢吸氣；如此循環進行，心靜之後便能以腹部吐納。

仿生呼吸法可調心、調氣、調形

仿生呼吸法是讓人們透過模仿烏龜和蛙類深而有規律地吸氣，使人體肺部充滿大量氧氣，透過呼氣可以有意識地把它送至身體各部位，使神經中樞和身體組織都得到較好的營養，這樣就能夠更好地啟動人體的各功能細胞，增強吞噬細胞活力和免疫細胞活力。

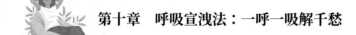

　　仿生養生是一種讓肢體運動和呼吸運動相結合的養生方法。即透過吸進新鮮空氣、吐出濁氣的調息法和模仿自然界禽獸動作的方法調心、調氣、調形，從而促進精神和軀體的健康。

　　經專家研究發現，烏龜和蛙類的呼吸方法類似一種波形運動，是一種整體呼吸的組成，稱為整體呼吸法，也就是「仿生呼吸法」。這種方法是讓人們透過模仿烏龜和蛙類深而有規律地吸氣，使人體肺部充滿大量氧氣，透過呼氣可以有意識地把它送至身體各部位，使神經中樞和身體組織都得到較好的營養，這樣就能夠更好地啟動人體的各功能細胞，增強吞噬細胞活力和免疫細胞活力。

　　比如金蟾養生呼吸法，它是透過模仿蛙類「進食」後的一種呼吸方法。這種呼吸方式在吸氣時腹壓會增高，迫使內臟的血液流向四肢末梢，吐氣時腹壓降低，流向四肢的血液又返回到內臟，這種往返循環發揮了良好的引氣活血的作用，淨化了血液，促進了新舊細胞的改善與調整。在此呼吸過程中，不論血液從內臟向末梢，還是從末梢流回心臟，都必須經過心臟，由此就運動鍛鍊了心臟，增強了心肺功能，並發揮提神、健胃、補血的作用。

　　古人認為，龜是靈異之物，壽命很長，而人欲長壽，就要像龜那樣引頸緩行，凝神守一，調理氣息，培護心志，心

不被外界各種事物所困擾，無慮才能獲得像龜那樣長的壽命。於是，古人模仿烏龜呼吸創造了一種「龜息」養生法。以下是它的具體做法是：

● 伸頸吐納

1. 身體直立，兩腳分開，與肩同寬，面向東南方，兩眼平視，兩手叉腰，拇指在前，4 指在後，做預備式。

2. 用鼻深吸一口氣，睜大雙眼，脖子往後縮，上身微微上仰，臀部後坐，腹部鼓起，用意念將天地精微之氣吸入腹內；然後用口慢慢吐氣，兩眼微閉，兩腳站直，脖子儘量往前伸，收腹，用意念將體內濁氣全部吐出。如此反覆 10 次。

3. 雙手垂於身體兩側，恢復到預備式，存意念在丹田片刻。

● 舞臂搖肩

1. 身體直立，兩腳分開，略寬於肩，兩手自然垂於身體兩側。

2. 兩腿下蹲成馬步，兩手從體前上舉，手掌略高於肩，屈肘，掌心向前；然後兩手同時按順時針方向在胸前轉動 5 次，再按逆時針方向轉動 5 次，再轉向順時針方向轉動 5 次，逆時針方向轉動 5 次。

3. 如此反覆 3 次。

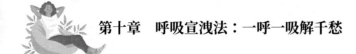

● 推波助瀾

1. 接上一動作，兩手自身體兩側上提，掌心向下，約與肩平；然後轉兩掌心相對，兩臂伸直，向體前相合，至胸前時，兩掌心轉向胸部並慢慢內收，在離胸部 10 公分左右時旋腕，掌心自胸前轉向體側，兩手逐漸拉開距離，手指朝上成立掌，向左右兩側推出。接著兩手再從體側向胸前相合，至胸前時，掌心轉向胸部，並慢慢內收，再轉腕，兩掌如前向左右兩側推出。如此翻覆 10 次。

2. 兩手自體前向體側畫弧，待兩掌收至腰部時吸氣，同時 10 指上翹，成立掌，掌心向前，兩掌用力向前推出，並呼氣，同時兩腿下蹲成馬步。如此反覆 10 次。

3. 兩手從體前側緩緩落下，垂於身體兩側，存意念在丹田片刻。

在練習此套呼吸動作的過程中，意念於氣息結合，呼吸放鬆，身體隨之也會得到放鬆，從而達到調整氣息，身心統一，松靜自然，形神合一。在練習時一定要注意循序漸進，持之以恆，不可太急於求成。

附錄
人體情緒自測指南

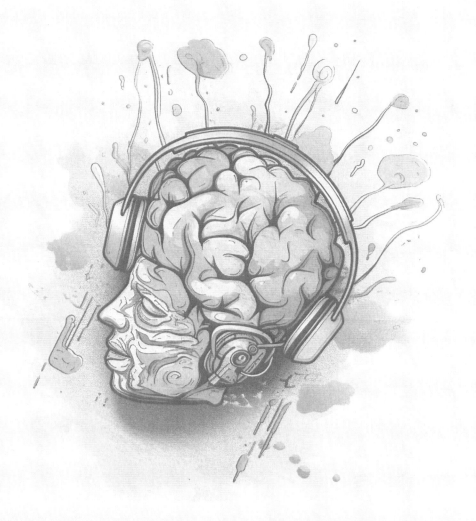

測試 1　你有焦慮情緒嗎？

下面給出了 15 道問題，請你做出「是」或「否」的回答。回答「是」打 1 分，「否」得 0 分。回答完後將各題得分相加，算出總分。

1. 你是否很容易感到坐立不安？（　）
2. 你是否總是對某種事放心不下？（　）
3. 你是否操心生活中的瑣事？（　）
4. 你是否比其他人更容易感到煩惱？（　）
5. 如果你獨自在黑暗中是否感到有一些害怕？（　）
6. 你是否能很快地讓自己放鬆下來？（　）
7. 你是否經常覺得自己責任太重，想減輕一點？（　）
8. 你是否會因為小事而常常被激怒？（　）
9. 你是否關心錢的問題？（　）
10. 你是否經常會覺得恐慌？（　）
11. 你是否常需要服用安眠藥方可入睡？（　）
12. 到了該入睡的時間，你是否仍然會躺在床上反覆考慮一些事情？（　）
13. 為使自己平靜下來，你是否常常服用一些鎮靜安神藥物？（　）
14. 在十分生氣或緊張時，你的聲音是否會出現顫抖的情況？（　）

15. 你是否很會害羞、臉紅？（　）

　　測試說明：

　　如果你的得分在 5 分以上：說明你正在為工作與生活操心，常為一些不值得擔心的事而放心不下，甚至於被激怒、無故發脾氣、煩躁不安。

　　如果你的得分在 2 ～ 4 分之間：說明你一般可以好好地控制自己的情緒，但依然有焦慮的時候，要注意調節。

　　如果你的得分在 2 分以下：說明你的心境平和如鏡。

測試 2　你有憂鬱情緒嗎？

　　以下是判斷是否為憂鬱症的六大參考指標：

1. 經常哭泣、煩躁、易怒、猶豫不決、無法集中心思工作、頭腦模糊，連平時喜歡做的事也變得越來越不感興趣。
（　）

2. 最近情緒極為低落和沮喪，並且無法擺脫這種痛苦的感覺，甚至無法忍受多一刻這種感覺，尤其是在每天早晨及上午最為明顯。（　）

3. 經常感覺悲觀、失望、愧疚、無助、感覺自己一無是處。經常憎恨自己、責備自己，甚至腦海中有自殘的念頭。
（　）

4. 強迫性地一再想到自殺，自己也擔心不知何時會失去最後的自制力，有時覺得周圍的人和事物都變得不真實，甚至認為自己早點離開世間會減輕家人和社會的負擔。（　）

5. 經常失眠，整天疲累臥床、睡眠過多、噩夢連連，清晨未到就早早醒來，怎麼睡都睡不好、無精打采，彷彿生理時鐘紊亂一樣。（　）

6. 食慾改變，吃東西感覺無味，體重明顯下降，胃腸不適或便祕、頭痛、頭暈、胸悶、心悸、換不過氣來、頻冒冷汗、肢體沉重，沒有性慾。（　）

測試說明：

如果上述各題認為「是」的專案越多，這就代表你的憂鬱指數越高，如果這種症狀持續時間越長，你越有可能患有憂鬱症。

測試 3 你有恐懼情緒嗎？

下面給出了 7 道問題，請你做出「是」或「否」的回答。

1. 你是否害怕在公共場合被人注意？（　）

2. 當你乘坐大眾運輸工具時，你是否有焦慮不安、緊張恐懼和覺得孤立無援的感覺？（　）

3. 當你坐飛機時，你是否擔心飛機掉下來自己被摔死？
（　）

4. 你是否極度害怕自己的皮膚和動物接觸，而被染上疾病？（　）

5. 在公眾面前講話時，你是否有謹慎緊張、大汗淋漓、口乾舌燥的感覺？（　）

6. 在商店、廣場等人群聚集的地方，你是否有害怕的感覺？
（　）

7. 你在小時候見過一個小孩玩鞭炮而炸掉自己的手指，從此以後就對鞭炮有恐懼心理的經歷嗎？（　）

測試說明：

如果有 2 個以上回答「是」的話，那麼你可能患有恐懼症，應該及時進行調節。

測試 4　你經常憤怒嗎？

下面給出了 5 道問題，請你做出回答。回答「經常」得 5 分；回答「有時」得 3 分；回答「很少」的 1 分；回答「從不」得 0 分。回答完後將各題得分相加，算出總分。

1. 認為對別人發怒沒有什麼好處，對自己也有害。（　）
A. 經常　B. 有時　C. 很少　D. 從不

2. 經常對別人隱藏、壓抑自己的情緒。（ ）

　　A. 經常　B. 有時　C. 很少　D. 從不

3. 當受到別人的刺激時，就會忍不住的發火。（ ）

　　A. 經常　B. 有時　C. 很少　D. 從不

4. 我遇到過只能用憤怒來作反映的情況。（ ）

　　A. 經常　B. 有時　C. 很少　D. 從不

5. 當對別人發怒以後常常感到後悔。（ ）

　　A. 經常　B. 有時　C. 很少　D. 從不

測試說明：

　　如果你的得分超過 15 分，則表明你是容易憤怒的人，要引起注意。

　　如果你的得分少於 15 分，則表明你善於克制自己，容易處理好問題。

測試 5　你的內心孤獨嗎？

　　下面給出了 18 道問題，請你做出「是」或「否」的回答。

1. 你是否特別依賴某一物品？（ ）

2. 你是否對聽的聲音沒有反應？（ ）

3. 你是否難以融入相同年齡的人？（ ）

4. 你是否總是不明原因的哭鬧？（　）

5. 你是否特別好動或不動？（　）

6. 你是否不喜歡他人擁抱？（　）

7. 你是否缺乏與人目光對視？（　）

8. 你是否拒絕接受變化？（　）

9. 你是否對環境冷漠？（　）

10. 你是否總是學人說話？（　）

11. 你是否喜歡旋轉物品？（　）

12. 你的動作是否發展不平衡？（　）

13. 你是否對疼痛不敏感？（　）

14. 你是否對真正的危險不害怕？（　）

15. 你是否愛用動作表達需求？（　）

16. 你是否總會無緣無故地發笑？（　）

17. 你是否抵抗正常的學習方法？（　）

18. 你是否喜歡奇怪的娛樂方式？（　）

測試說明：

如果以上回答中有 7 個以上回答的是「是」，就說明你有孤獨症傾向了。

測試 6　你有悲觀情緒嗎？

　　下面給出了 11 道問題，請你做出回答。回答「A」得 5 分；回答「B」得 2 分；回答「C」得 1 分。回答完後將各題得分相加，算出總分。

1. 如果你丟失了一件很重要的東西，會是什麼樣的心情？（　　）

　　A. 覺得整個世界都沒意義了，心情無法好轉
　　B. 很傷心，但時間能沖淡一要
　　C. 不會太在意

2. 打乒乓球時，對方發了一個很好的球，你認為自己能接住嗎？（　　）

　　A. 不能　　B. 要看情況而定　　C. 能

3. 在一次野外旅遊中，你已經走完了一半，你的食物也只剩一半，這時你的心情是怎樣的？（　　）

　　A. 很擔心食物不夠用。
　　B. 有點擔心，儘量節約食物
　　C. 有信心到達目的地

4. 你從一個陽臺下面經過時，你認為上面的花盆會掉下來砸到你嗎？（　　）

　　A. 會　　B. 一般不會　　C. 不會

5. 你去給一個朋友過生日，等到達以後他卻說：「今天不是我的生日！」這時，你的心情是怎樣的呢？（　　）

　　A. 責怪自己，認為自己很蠢

　　B. 很生氣，是誰故意來騙我的

　　C. 既來之，則安之，和朋友一起聚聚吧

6. 當自己做了一件錯事以後，你會怎麼做呢？（　　）

　　A. 認為自己太笨

　　B. 很傷心，但過一段時間就好了

　　C. 想一想補救措施。

7. 一條河上有 3 座橋，最近一座是木頭橋，中間是一座古老的石橋，最遠的是新建的大橋，你會選哪座橋過河？（　　）

　　A. 木橋　　　B. 石橋　　　C. 大橋

8. 如果你和別人成功地做成了一件事，你認為成功的原因是什麼？（　　）

　　A. 全憑運氣　　　B. 他人的幫助　　　C. 自己的努力。

9. 上司指出了你的一個小錯誤，你會怎樣看待？（　　）

　　A. 上司對我有成見，否則不會專挑我的錯

　　B. 趕快改正錯誤，下次注意

　　C. 感謝上司的提醒，否則可能會再次犯錯。

10. 你有 10 年後的目標嗎？（　）

　　A. 沒有

　　B. 有簡單的，但不知道能否實現

　　C. 有很詳細的

測試說明：

如果你的得分在 10 ～ 16 分之間：說明你是一個悲觀的人，遇事容易從消極方面看待。

如果你的得分在 17 ～ 24 分之間：說明你是一個介於悲觀和樂觀之間的人，如果心態能再積極一些，生活將會更快樂。

如果你的得分在 25 ～ 30 分之間：說明你是一個樂觀的人，常能夠看到事物的積極方面，應該保持。

測試 7　你緊張情緒程度大嗎？

下面給出了 20 道問題，請你做出「是」或「否」的回答。

1. 你是否聽到鄰居家中的噪音，就感到焦慮發慌，心悸出汗？（　）

2. 你是否經常和同學或家人爭吵？（　）

3. 你是否經常追悔往事，有負疚感？（　）

4. 你行事說話是否操之過急，言辭激烈？（　）

5. 你是否在父母兄弟面前，稍有不如意，就要任性發怒，失去理智？（　）

6. 你處理問題時是否總是主觀性強、情緒急躁、態度粗暴？（　）

7. 你是否性格倔將、脾氣急躁，不易合群？（　）

8. 你是否在休息日無所事事，整天玩牌，消遣度日？（　）

9. 你是否對突然發生的意外失去信心，顯得焦慮緊張？（　）

10. 你是否輕微活動後，就出現心跳加快、胸悶氣急？（　）

11. 你是否一回到家，就感到許多事情不稱心，暗自煩躁？（　）

12. 你是否遇到不順心的事情，便會憂鬱寡歡？（　）

13. 你是否會常常嫉妒別人的成功和榮譽，甚至懷恨在心？（　）

14. 你是否身處擁擠的環境時，容易思維雜亂、行為失序？（　）

15. 你是否食慾不振，吃東西沒有味道，寧可忍受飢餓？（　）

16. 你是否明明知道是愚蠢的事情，但是非做不可，事後懊悔？（　）

17. 你是否離開家門去上班的時候，總覺得精神不佳，有氣無力？（　）
18. 你是否經常感到喉頭阻塞，胸部重壓？（　）
19. 你是否腸胃功能紊亂，經常腹瀉？（　）
20. 你是否平時只要做一點輕便工作，就容易感到疲勞、全身乏力？（　）

測試說明：

如果有 8 題回答為「是」，說明你情緒為輕度緊張。

如果有 15 題回答為「是」，說明你情緒為中度緊張。

如果 20 題回答全部是「是」，說明你為緊張症患者。

測試 8　你是一個脾氣急躁的人嗎？

下面給出了 13 道問題，請你做出「是」或「否」的回答。

1. 有時你是否會感覺得到自己的情緒如一顆定時炸彈？（　）
2. 你是否很容易被別人激怒？（　）
3. 當遇到不公平待遇時，你是否很難控制住自己的情緒？（　）
4. 當受到委屈時，你是否有很強的報復心理？（　）

5. 事無大小，只要自己不滿意，你是否都會很生氣？（　）

6. 你有時是否在公眾場合發脾氣？（　）

7. 與人初次接觸時，你是否常常會先發現他或她的缺點？
　　（　）

8. 你是否被身邊的人評價為粗魯之人？（　）

9. 當事情不按自己的方式進行時，你是否就會生氣？（　）

10. 別人是否覺得自己的脾氣不容易琢磨？（　）

11. 生氣時，有時會做出自己不相信的事情來？（　）

12. 是否有很多人說過自己是一個不會理解別人的人？（　）

13. 你是否不輕易相信別人，對什麼都有很大的疑心？（　）

測試說明：

　　如果有 10 個或以上回答的是「是」，則說明你是一個脾氣急躁的人。

電子書購買

國家圖書館出版品預行編目資料

請支援多巴胺：洗浴 SPA× 音樂療法 × 瑜伽冥想 × 腹式呼吸，壓力大不要只是喝酒吃肉，你可以有更抒壓的質感生活！ / 安旻廷，高紅敏著 . ─ 第一版 . ─ 臺北市：崧燁文化事業有限公司 , 2023.04
面；　公分
POD 版
ISBN 978-626-357-272-0(平裝)
1.CST: 情緒管理 2.CST: 生活指導
176.52　　112004074

請支援多巴胺：洗浴 SPA× 音樂療法 × 瑜伽冥想 × 腹式呼吸，壓力大不要只是喝酒吃肉，你可以有更抒壓的質感生活！

臉書

作　　　者：安旻廷，高紅敏
發 行 人：黃振庭
出 版 者：崧燁文化事業有限公司
發 行 者：崧燁文化事業有限公司
E - m a i l：sonbookservice@gmail.com
粉 絲 頁：https://www.facebook.com/sonbookss/
網　　　址：https://sonbook.net/
地　　　址：台北市中正區重慶南路一段六十一號八樓 815 室
Rm. 815, 8F., No.61, Sec. 1, Chongqing S. Rd., Zhongzheng Dist., Taipei City 100, Taiwan
電　　　話：(02) 2370-3310　　傳　　　真：(02) 2388-1990
印　　　刷：京峯彩色印刷有限公司（京峰數位）
律師顧問：廣華律師事務所 張珮琦律師

-版權聲明

定　　　價：375 元
發行日期：2023 年 04 月第一版
◎本書以 POD 印製